あなたの
常識レベルが
試される

国語力

判定テスト

一校舎国語研究会・編

問1 ──の太字の漢字を
⑦ 全力をあげる。
⑦ 挙 ⑦ 揚
問2 出動のたいせいを
⑦ 体制 ⑦ 体勢
問3 彼は商売がかた
固 ⑦ 更

永岡書店

JN094850

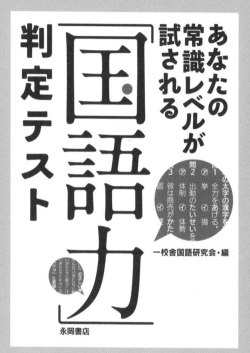

はじめに

よく使う言葉だけど、実は誤った使い方をしていた。よく見る漢字だけど、読み方に自信がない。聞いたことがある慣用表現だけど、正確な意味を答えられない。

そうした経験はありませんか？

本書は、そのような方々の国語力向上の一助となるべくして作られました。収録されている三肢択一問題は、短時間で解き進められるようにどれも短文で簡潔にしています。通勤通学時の電車の中、休憩時間中の十分間、一日の終わりにビールを飲みながら、といった隙間学習で利用されるのもよいですし、全三〇回で構成されているので、一日一回という使い方などもできます。ぜひ楽しみながら解き進めてください。

本書が少しでも皆様のお役に立つことができましたらなによりの幸いです。

一校舎国語研究会

目次

この本の構成について

1　本書では、漢字、ことわざ、慣用句、故事成語、四字熟語、敬語、外来語、文学知識など、国語に関する様々なジャンルの問題を網羅し、収録しています。

2　構成は、一〇問をもって一回とし、全三〇回です。各回最後の第一〇問は、「漢字問題」を二〇語収録しています。六回ごとに「国語常識10問テスト」（全四回）を設け、巻末には付録として「日本語の語源豆知識」を収録しています。

3　問題のページをめくった次のページに答えと解説が書いてあります。

4　各問に一校舎国語研究会調査による正答率を付けてあります（「漢字問題」を除く）。ご自身の国語力を知る目安としてください。

第1回　国語力判定テスト

問1　**（　）に入る言葉はどれですか。**　［正答率85％］

◎「（　）を切る」

①　火蓋　②　火花

③　火種

□

問2　**「腕をこまねく」の意味はどれですか。**　［正答率68％］

①　こまごまと身の回りの面倒を見ること。

②　何もしないで、ただ見ているだけのようす。

③　すぐに取り掛かれるよう準備を整えること。

□

問3　**「誇り」という意味の漢語「矜持」。何と読みますか。**　［正答率58％］

①　かんじ

②　きょうじ

③　こんじ

□

答え＆解説

問1 「火蓋《ひぶた》」は火縄銃《ひなわじゅう》の火皿の口を覆う蓋のこと。「火蓋を切る」で銃の発火の用意をすることから、戦いの開始、何かの行動が開始されることをいう。②は「火花を散らす」、③は「戦いの火種」などと表現される。

答え①

問2 「腕をこまぬく」ともいう。「こまねく」は腕組みをすること、転じて、何もしないで見ていること。

答え②

問3 「矜持」は「きょうじ」と読む。慣用読みでは「きんじ」とも。プライド・自信の意味で改まった言い方。言葉遣いに凝った文章などで見かける。

答え②

問4 「まったく見通しが立たないんだよ」という心情を表すのはどれですか。

① 五里霧中
② 無我夢中
③ 紆余曲折

［正答率91％］

問5 「聞く」という意味で用いられていないものはどれですか。

① 耳に挟む
② 耳をそろえる
③ 耳をそばだてる

［正答率85％］

問6 上下の言葉が同じ意味でないのはどれですか。

① 沽券——体面
② 冤罪——無実
③ 慇懃——無礼

［正答率53％］

答え＆解説

問4　①の「五里霧中《ごりむちゅう》」は五里にもわたる深い霧の中にいると方角がわからなくなるということから、方針や見込みが立たないこと。②の「無我夢中《むがむちゅう》」は我を忘れて熱中すること。③の「紆余曲折《うよきょくせつ》」は曲がりくねり入り組んだ複雑な道、事情。

答え①

問5　「耳をそろえる」は金額をきちんとそろえること。①の「耳に挟《はさ》む」はちらっと聞くこと、耳にすること。「小耳に挟む」とも。③の「耳をそばだてる」はよく聞こえるように注意を集中すること。

答え②

問6　③の「慇懃《いんぎん》」は礼儀正しいことの意で、「無礼」とはほぼ反対の意味。①の「沽券《こけん》」と「体面」はほぼ同じ意味。②の「冤罪《えんざい》」と「無実」もほぼ同じ意味。

答え③

問7 「家計」と関係が深い言葉はどれですか。

［正答率75％］

① 有頂天
② 不世出
③ 不如意

問8 さっぱりした性格を表したものはどれですか。

［正答率91％］

① 木に竹を接ぐようだ。
② 生木を裂くようだ。
③ 竹を割ったようだ。

問9 擬音語がもととなって作られたとされている漢字はどれですか。

［正答率60％］

① 虹
② 蛇
③ 蚊

問7　③の「不如意《ふにょい》」は思うままにならないこと、特に家計が苦しいことをいう。金がないことを「手元不如意」という。①の「有頂天《うちょうてん》」は喜びでいっぱいなようす。②の「不世出《ふせいしゅつ》」はめったに世に現れないほど優れているようす。

答え③

問8　竹が真っすぐにスパッと割れることから、さっぱりとして曲がったところのない気性をいう。①の「木に竹を接《つ》ぐ」は釣り合いがとれないことのたとえ。②の「生木《なまき》を裂く」は相愛の男女を無理に別れさせること。

答え③

問9　「蚊」の音読みは「ぶん」。部首の虫偏に音符「文」が付いた漢字である。この「文」は、「ブン　ブン」という蚊の羽音を表したものである。ちなみに訓読みの「か」も、一説にはその飛ぶ音を表した擬音語とされる。昔の日本人には蚊の羽音が「かー」と聞こえたのだろうか。

答え③

問10　漢字問題

すべて読めれば漢字名人！

遵守	揚羽蝶	蚊帳	紆余曲折
白粉	鯱	凶会日	弱冠
凝視	豹	牛蒡	煤払い
直談判	甲斐性	荏胡麻	初穂料
鮹	御中	蕁麻疹	十六夜

答え＆解説

じゅんしゅ
法律や規則をしっかり守ること。

おしろい
化粧のときに肌に塗る白い粉。

ぎょうし
じっと見ること。

じかだんぱん
直接交渉すること。

たこ
ほかに、「蛸」「章魚」などの表記がある。

あげはちょう
「鳳蝶」とも書く。「鳳」が示すとおり、ひときわ大きくて立派な蝶。

しゃち
海中で最強ともいわれ、オットセイや鯨まで襲って食べてしまう。

ひょう
ネコ科の哺乳類。黒い斑点をもつものと全身黒色のものがいる。

かいしょう
才能や経済力に優れ、頼りがいのある人を「甲斐性のある人」という。

おんちゅう
団体や会社に手紙を書くときに、「様」などの代わりに付ける言葉。

かや
蚊などの侵入を防ぐため、麻や木綿を粗く編んで寝床を覆う道具。

くえにち
陰と陽が戦って、何をやってもだめな日。

ごぼう
意外かもしれないけれど、キク科です。

えごま
種子はもちろん、葉も食用になる。焼肉などを包んで食べる。

じんましん
食物、植物、気候など、いろんなきっかけで発生する発疹《ほっしん》。

うよきょくせつ
順調に物事が進まず、込み入っていること。

じゃっかん
男子の二十歳。元服して冠をかぶる年。「若干」としない。

すすはらい
きれいな場所でお正月を迎えるための、いわゆる大掃除。

はつほりょう
神社へ納める金銭のこと。

いざよい
陰暦十六日の夜。「いさよい」とも。

第２回　国語力判定テスト

問1　**「冷や飯を食う」の意味はどれですか。**　［正答率56％］

①　独身でいる
②　低い地位にいる
③　牢獄にいる

□

問2　**「いぎたない」の正しい使い方はどれですか。**　［正答率50％］

①　そんないぎたない飯の食い方をするものではない。
②　いぎたなく眠りこけていて起きない。
③　いぎたなくすべての事がとりおこなわれた。

□

問3　**「初」を「ショ」と音読みできないものはどれですか。**　［正答率96％］

①　初対面
②　初年度
③　初節句

□

答え&解説

問1　冷たい扱いを受け、低い地位に甘んじることをいう。
答え②

問2　「いぎたない」は眠りこけてなかなか目を覚まさないこと。寝相が悪いこと。「寝穢い」と書く。
答え②

問3　「初節句」だけは「はつ」としか読まない。それに対し「初対面」は、「ショ・はつ」の両方に読め（優勢なのは「ショ」）、「初年度」の場合は「ショ」としか読まない。なお、「初体験」では、これも優勢なのは「はつ」だが、「ショ」という読みも否定されてはいないようだ。
答え③

問4 「気のおけない」の意味はどれですか。

① 油断も隙もない
② 気が許せない
③ 気兼ねがいらない

［正答率77％］

□

問5 「セピア色」の「セピア」とは何のことですか。

① イカ墨
② 琥珀《こはく》
③ 夕闇

［正答率19％］

□

問6 日本近代詩の巨星で彫刻家でもあるのはだれですか。

① 北原白秋
② 高村光太郎
③ 室生犀星

［正答率81％］

□

問4 気兼ねや遠慮がいらないという意味。「気のおけない友達」などと使う。反対の意味の「気が許せない、信用できない」に誤って解釈されることが多い。

答え③

問5 「セピア」はギリシア語でイカを意味する、イカ墨を原料とした暗褐色の顔料のこと。現代では人工的に作られるが、色名として定着した。主に水彩画に用いる。

答え①

問6 「道程」「智恵子抄《ちえこしょう》」で知られる高村光太郎の父は、木彫家の高村光雲《こううん》で、光太郎自身、東京美術学校を卒業した彫刻家でもあった。智恵子への純粋な愛をうたいあげたことで知られる光太郎であるが、その基盤は父から受け継いだ芸術的素質にあるといえよう。

答え②

問7 **次の（　）に入る言葉はどれですか。**

［正答率43％］

◎「私では（　　）でしょうが、懸命に務めます」

① 力不足

② 役不足

③ 手不足

問8 **「己」「巳」「已」の三つの漢字の使い方として間違っているのはどれですか。**

［正答率53％］

① あいつは自己中心的な奴だ。

② 辰巳の方角で火事があった。

③ 彼女の干支は已のはずだ。

問9 **「もれなく」の意味を表す「ごたぶんにもれず」。漢字で表したのはどれですか。**

［正答率30％］

① 御多分に漏れず

② 御他聞に漏れず

③ 御多聞に漏れず

答え＆解説

問7 「力不足」は、「与えられた仕事や役目をするには当人の力が足りない」の意味で、例文のような謙遜《けんそん》の表現に用いられる。それに対し「役不足」は、「与えられた仕事や役目が当人の力から見て軽すぎる」の意味。「私には役不足で〜」などと言えば、「傲慢《ごうまん》なヤツだ」と思われてしまう。

答え①

問8 「己」は「おのれ・キ・コ」、「巳」は「み」、「已」は「イ」と読む。「已」は古典文法の「已然《いぜん》形」でおなじみの漢字。「已然形」を「己然形」「巳然形」などと書き誤っていた人もいるのでは？

答え③

問9 漢字の意味にだけこだわっていると、②・③などと間違えがち。この場合の「多分」は、形容動詞の「多分」で「多分に疑わしい点がある」などと用い、「おおかたの場合」の意味を表す。

答え①

問10　漢字問題

すべて読めれば漢字名人！

鰈	家守	椎茸	猛者
箪笥	鶩	隠元豆	呆気
衝立	犀	悪阻	柿落し
漏斗	一気呵成	疥癬	旋律
橇	還暦	蟋蟀	健気

もさ・もうざ
実力があって、ほかから恐れられている者。

あっけ
驚きあきれるさま。読み間違えると呆気にとられるかも。

こけらおとし
劇場が新築、改築をして初めて行う興業。

せんりつ
メロディー。

けなげ
態度や心がけがしっかりしていること。

しいたけ
栽培には椎《しい》の木だけでなく、クヌギなどの木が使われることも。

いんげんまめ
「隠元」という名のお坊さんが日本に伝えたところからの命名。

つわり
「おそ」とも読む。症状が重いと、病院での手当が必要。

かいせん
脇の下や陰部に赤い発疹《ほっしん》が出て、猛烈にかゆくなる皮膚病。

こおろぎ
エンマコオロギなどが有名だが、ほかの種も含めたコオロギの総称。

やもり
「守宮」とも書く。指先に吸盤のようなものがあり、壁を這って進む。

あひる
「家鴨」とも書く。古くから人間と生活をともにしてきた水鳥。

さい
陸に棲む草食獣の中では、象に次ぐ大きさの哺乳類。

いっきかせい
仕事などを「一気」に仕上げてしまうこと。

かんれき
数えで六十一歳。生まれた年の十干十二支《じっかんじゅうにし》に一回りすることから。

かれい
目を上に向け、右側に顔があるのが「かれい」。例外もいる。

たんす
数え方は「一棹《さお》」または「一本」。

ついたて
部屋の仕切りとして使われる。

じょうご
「ろうと」とも読む。狭い口の容器に注ぎ入れるときに使う道具。

そり
雪や氷の上を滑らせて走る乗り物。

第3回　国語力判定テスト

問1　「やおら」の意味はどれですか。　［正答率87%］

①　ゆっくり
②　いきなり
③　慌てて

□

問2　待ち合わせ時間の確認の仕方。適切なのはどれですか。　［正答率83%］

①　六時だったですね。
②　六時だったのですね。
③　六時でしたね。

□

問3　（　）に入る言葉はどれですか。　［正答率70%］

◎　「笑う顔に（　　）立たず」

①　矢　②　歯
③　家

□

答え&解説

問1　「やおら」は「おもむろに」とほぼ同義で、物事を「ゆっくり」するようすを表す副詞である。語源については、「柔《やわら》」と同根とする説などがあるが、いまだ定説はない。

答え①

問2　「です」は「だ」の丁寧な表現で、体言や助詞「の」の後などに付く。「だったです」のように、助動詞「た」に「です」をつなげるのは文法的誤り。②のように「の」を入れれば文法的にはクリアするが、ぎこちない言い方になってしまう。③のような言い方が、用件も敬意も素直に相手に伝わる。

答え③

問3　笑顔で向かってくる者に対しては、憎しみの矢が当たることもない、自然と憎しみも解ける、という意味。類句に「怒れる拳《こぶし》笑顔に当たらず」がある。

答え①

問4 「舟に刻みて剣を求む」の意味はどれですか。

① 何かを心に深く刻んで忘れない。
② 状況の変化に対応できていない。
③ 見当もつかないまま、失せ物を探す。

［正答率30％］

□

問5 東北地方の歌枕はどれですか。

① 勿来《なこそ》の関
② 木枯《こがらし》の森
③ 布引《ぬのびき》の滝

［正答率56％］

□

問6 「だめを押す」というときの「だめ」は、もとはどの世界の言葉ですか。

① 相撲
② 囲碁
③ 歌舞伎

［正答率51％］

□

問4

「刻舟《こくしゅう》」とも。楚《そ》の人が、舟から川に剣を落としたとき、舟べりに、ここから落としたと目印の刻みを付けたが、後で剣を探すときには舟が流され移動していたので役に立たなかった、という故事による。時勢の移り変わりを知らずに無駄に古い慣習を守る愚かさのたとえ。

答え②

問5

勿来《なこそ》の関は、今の福島県いわき市にあった関。古代、蝦夷《えみし》の南下を防ぐために設けたことから、「来る勿《な》かれ」＝「勿来」の関といわれる。はるかに太平洋をのぞみ、眺望が素晴らしい。木枯《こがらし》の森は静岡市葵《あおい》区羽鳥の藁科《わらしな》川の川原にある八幡神社の森。紅葉や時雨《しぐれ》、雪で有名。布引《ぬのびき》の滝は兵庫県神戸市の生田川上流にある滝。上流から見ると布を広げたように見えるのがその名の由来。

答え①

問6

「だめ」は「駄目」で、囲碁用語。両者の境にあって、どちらの地にもならない「目」のこと。囲碁から生まれた言葉は「一目《いちもく》置く」など数多い。

答え②

問7 「流れに棹さす」の使い方が正しいのはどれですか。

① 流れに棹さして反骨精神を貫く。
② 流れに棹さして会社を設立する。
③ 流れに棹さして失笑を買う。

［正答率21％］

問8 「鬚」「髯」「髭」はどれも「ひげ」と読みますが、「あごひげ」を表すのはどれですか。

① 鬚
② 髯
③ 髭

［正答率37％］

問9 「（　）居《お》くべし」の（　）に入る言葉はどれですか。

① 貴花
② 奇貨
③ 机下

［正答率43％］

問7　「流れに棹《さお》さす」は、時流や、物事の勢いに乗り、順調に進むこと。①のような誤用が多い。
答え②

問8　「鬚」「髯」「髭」はどれも「ひげ」と読むが、正確には、「鬚」が「あごひげ」、「髯」は「ほおひげ」で、「髭」は「くちひげ」を表す。
答え①

問9　「奇貨《きか》」は珍しい品物。得難いチャンスを逃すな、という意味。出典は「史記《しき》」。「机下」は手紙で相手の名の敬称の下に書き、敬意を表す言葉。
答え②

問10 漢字問題

すべて読めれば漢字名人！

均衡	膠原病	頭陀袋	御厚情
鮎	山椒魚	蝶番	余裕綽綽
行灯	栗鼠	舅	而立
炬燵	駱駝	筍	玉串料
襷	逢引	林檎	閏年

答え&解説

きんこう
釣り合いがとれていること。

あゆ
「年魚」「香魚」とも。縄張りをもつ習性を利用した「友釣り」が有名。

あんどん
木枠に紙を貼り、中の油皿に点灯する照明具。

こたつ
日本の冬に愛用される暖房器具。どうしても眠くなるけど。

たすき
作業するときに、着物の袖《そで》をたくし上げるための紐《ひも》。

こうげんびょう
リウマチや全身性エリテマトーデスなど、いくつかの病気が含まれる。

さんしょううお
昔は干物や黒焼きにして薬にしていた。

りす
木登りが得意な小動物。木の実や果実などを主食にする。

らくだ
ラクダといえば砂漠での運搬で有名。「砂漠の舟」とも呼ばれる。

あいびき
密かに逢うこと。「逢引を重ねる」。

ずだぶくろ
僧が、教典や道具などを入れて首にかける袋。

ちょうつがい
「ちょうばん」とも読む。形が蝶《ちょう》に似ていることから。

しゅうと
配偶者の父。義理の父。一般的な呼び方としては「お義父《とう》さん」。

たけのこ
新鮮なものはお刺身で食べてもおいしい。

りんご
そのまま食しても美味だが、ジャムやジュースや酒などにも利用される。

ごこうじょう
温かい気持ち。「御厚情を賜り、ありがとうございます」。

よゆうしゃくしゃく
悠然《ゆうぜん》と落ち着き払ったさま。

じりつ
三十歳。孔子《こうし》はこの年齢に独り立ちした。「立年《りゅうねん》」とも。

たまぐしりょう
「玉串」は榊《さかき》に紙を付け神仏に供えたもの。神社への御礼の表書。

うるうどし
四年に一度、二月が二十九日になる年。一日得した気分？

第4回　国語力判定テスト

問1 **「あげくのはてに」の後に続けられる言葉はどれですか。**　［正答率91％］

① 会社は倒産してしまった。
② 事件はひとまず解決した。
③ 勝利を得ることができた。

□

問2 **闘い、争いと無関係な言葉はどれですか。**　［正答率41％］

① 鼓腹撃壌
② 捲土重来
③ 竜虎相搏つ

□

問3 **「口を糊する」とは、もともとどのような意味ですか。**　［正答率40％］

① 粥をすする
② うわべを取り繕う
③ 口をすすぐ

□

答え&解説

問1 「あげく」は「挙げ句・揚げ句」と書き、もとは連歌や連句の最後の句のこと。転じて「終わり・結末」の意味を表すが、「あげくのはてに」という成句は、①の「倒産」のように、「悪い結末」の場合に限って用いられる。

答え①

問2 ①の「鼓腹撃壌《こふくげきじょう》」は、安楽で平和な暮らしを楽しむさま。古代の聖帝・堯《ぎょう》が国情視察の際、満腹した老人が腹つづみを打ち、地面を踏み鳴らして歌う平和な情景を目にしたという故事による。②の「捲土重来《けんどちょうらい》」は、一度敗れた者が勢いを盛り返し再び攻めてくること。③の「竜虎相搏《りゅうこあいう》つ」は、強い者同士が激しく戦うこと。

答え①

問3 「糊《のり》」には「粥《かゆ》」の意味があり、「口を糊する」はもともと「粥をすする」こと。そこから、「質素な暮らし」「やっと生活する」の意味となった。「糊口《ここう》を凌《しの》ぐ」も同じ意味。「うわべを取り繕《つくろ》う」ことは「糊塗《こと》する」という。

答え①

問4 「和して同ぜず」の「同」の意味はどれですか。

［正答率53％］

① 雷同
② 同居
③ 混同

問5 「フレンチ・キス」の本来の意味はどれですか。

［正答率26％］

① 舌をからませる濃厚なキス
② 唇の先をつけるだけの軽いキス
③ 親愛の情を示すために互いの頬にするキス

問6 「やぶさかでない」の使い方が正しいのはどれですか。

［正答率79％］

① わが社としては避難訓練に協力するにやぶさかでない。
② 目上の者に対してはやぶさかでない言葉遣いをしよう。
③ 私が犯人と疑われるのは心ならずもやぶさかでない。

答え＆解説

問4 「和して同ぜず」は、君子というものは、人と協調はするが、自分の考えをもち、いたずらに他人の意見に付き従ったり、妥協したりしないこと。「雷同」は「付和雷同《ふわらいどう》」と同じで、考えがなくてもほかの人の説に同調すること。出典は「論語《ろんご》」。

答え①

問5 濃厚なキスのこと。ただし、日本ではいわゆる「バード・キス（小鳥キス。軽いキスのこと）」のことと誤解している人も多い。

答え①

問6 「～（する）にやぶさかでない」という形を取り、「努力を惜しまない、進んでやる」という意味をもつ。「過ちを改めるにやぶさかでない」などと使う。

答え①

問7 季語と季節の組み合わせが正しいのはどれですか。

［正答率53％］

① 麦秋 ―― 夏
② 小春日和 ―― 春
③ ラグビー ―― 秋

問8 自作の歌をCDにして恩師に贈りたいと思います。添える手紙の表現として正しいのはどれですか。

［正答率47％］

① 拝聴なさってください。
② ご拝聴ください。
③ お聞きください。

問9 銀行で最も偉い人は「頭取」。この言葉のもとになっているのはどれですか。

［正答率19％］

① 筆頭取締役
② 音頭を取る
③ 番頭を取りまとめる

答え&解説

問7 ①の「麦秋《ばくしゅう》」は麦が実って刈り入れる初夏の頃。②の「小春日和《こはるびより》」は春を思わせる初冬の暖かい気候のこと。③の「ラグビー」は冬のスポーツ。

答え①

問8 ③のみが尊敬語。「拝聴《はいちょう》」は「拝」という言葉が表しているように、謙譲語である。①・②のようにいくら飾っても尊敬語にはならない。

答え③

問9 「頭取《とうどり》」は、もともと雅楽《ががく》の用語で、合奏するときの各楽器の首席演奏者のこと。つまり「音頭を取る人」という意味合いである。

答え②

問10　漢字問題

すべて読めれば漢字名人！

凡例	烙印	浅葱色	松明	余興
胡瓜	枇杷	胼胝	兜虫	象虫
鰆	燐寸	草履	抽斗	倅
麒麟	恋敵	拙宅	文人墨客	不惑

答え&解説

はんれい
書物の使い方や方針などを述べたもの。

きゅうり
「黄瓜」とも書く。日本では生食が主だが、中国では炒め物にも使用。

さわら
瀬戸内海の春の名物。産卵期である春に、瀬戸内海にやってくる。

きりん
実はかなりの俊足。時速五十キロで走ることができる。

らくいん
焼き印。転じて、ぬぐい去れない汚名。

びわ
初夏の八百屋さんに登場する高級フルーツ。

まっち
「燐《りん》」を使って発火させることからこの字が当てられたといわれる。

こいがたき
恋のライバル。「れんてき」ではありません。

あさぎいろ
緑がかった薄い青。

たこ
繰り返し圧力がかかることによって、厚くなった皮膚の部分をいう。

ぞうり
鼻緒のある、底が平らな履き物。

せったく
自宅をへりくだって言う言葉。

たいまつ
松や竹などを束ねて火をつけた照明。

かぶとむし
「甲虫」とも書く。昔も今も、夏休みの虫捕りの定番。

ひきだし
簞笥《たんす》や机にある抜き差しができる箱。

ぶんじんぼっかく
文章を書いたり、書や絵画をたしなむ風雅な人。

よきょう
宴会などで行う演芸や隠し芸。

ぞうむし
象の鼻のような長い口をもつ甲虫。別名は「象鼻虫《ぞうびちゅう》」。

せがれ
自分の息子を謙遜《けんそん》して言うときの呼び方。

ふわく
四十歳。「論語」から。孔子《こうし》の心に迷いがなくなったという。

第5回　国語力判定テスト

問1 「車軸を流す」は、何をたとえた表現ですか。　［正答率75％］

① 津波
② 稲妻
③ 大雨

問2 傍線部が現代仮名遣いとして正しいのはどれですか。　［正答率53％］

① いちじるしい進歩を見せる。
② あの人はゆうづうがきかない。
③ 力づくで人に命令する。

問3 「最後に大切な部分を加えて物事を完成する」という意味の「画竜点睛」。最後に加えたのはどれですか。　［正答率74％］

① 牙　② 爪
③ 瞳

答え＆解説

問1 車の心棒（車軸）のように雨足の太い雨のことを「車軸の雨」という。降るようすを「車軸を流す」「車軸を下す」「車軸を降らす」などという。 **答え③**

問2 ①の「いちじるしい」は、「いと＋著（しるし）」という語源より「じ」とするのが正しい。②は「通（つう）」が濁音化したものとは考えず、「ゆうずう」と書く。③はもとの「つく」の意味が薄まっているので、「力ずく」と表す。 **答え①**

問3 「画竜点睛《がりょうてんせい》」の「睛」は「瞳《ひとみ》」。「画竜点睛を欠く」といえば、最も重要な最後の仕上げを欠いていること。 **答え③**

問4 「反りが合わない」は、何の反りが合わないことから生まれた言葉ですか。

① 鍋と蓋
② 刀身と鞘《さや》
③ 鞍《くら》と馬

［正答率79％］

問5 （　）内の読みが訓読みの漢字はどれですか。

① 絵（え）
② 肉（にく）
③ 夕（ゆう）

［正答率34％］

問6 「玉を懐《いだ》いて罪あり」の意味はどれですか。

① たとえよいことでも秘密にするのはよくない。
② あふれるほどの才能は驕《おご》りにつながり身を滅ぼす。
③ 身分不相応な物を持つのは災いのもとだ。

［正答率42％］

問4 「反《そ》りが合わない」はもとは刀身の湾曲の仕方（反り）が入れ物の鞘の反りと合わないようすをいい、気心が合わないことを表す。また、気が合うことを「馬が合う」という。 答え②

問5 漢語が入ってくるまで該当するものがなかったり、あるいは漢語に和語がとって代わられたために、漢語（音読み）なのに和語（訓読み）のように思われている語も数多い。絵・肉以外に「菊」などもそうである。「夕《ゆう》」はその反対に、一見音読みのようだがこれは訓読み。一朝一夕《いっちょういっせき》の「夕《せき》」が音である。 答え③

問6 「玉」は宝石のこと。分不相応に高価な物や珍しい物などを持つと、自分には罪がなくても何かと災いを招きやすい、ということ。また、優れた才能をもったため、ねたまれること。 答え③

問7 「フェミニスト」の本来の意味はどれですか。 [正答率57％]

① 女性に優しく接する人
② 女性の扱いに慣れた人
③ 女性の権利を主張する人

問8 正岡子規の忌日《きにち》をいうのはどれですか。 [正答率35％]

① 桜桃忌
② 河童忌
③ 糸瓜忌

問9 三大随筆とされるのは「枕草子」「方丈記」とどれですか。 [正答率92％]

① 徒然草
② 太平記
③ 大鏡

答え&解説

問7 「女性・女性の」を意味する「フェミニン」からの派生語で、「女権拡張論者」などと訳される。日本では「女性に優しい男性」の意味で使われることが多いが、本来は男女を問わず使われる言葉。

答え③

問8 糸瓜《へちま》忌は九月十九日。正岡子規《まさおかしき》の病床での絶筆「糸瓜咲《さい》て痰《たん》のつまりし仏かな」、「痰一斗《と》糸瓜の水も間にあはず」など一連の句に由来。獺祭《だっさい》忌ともいう。①の桜桃《おうとう》忌は太宰治《だざいおさむ》、②の河童《かっぱ》忌は芥川《あくたがわ》龍《りゅう》之介《のすけ》の忌日。河童忌は芥川の俳号から我鬼《がき》忌ともいわれる。

答え③

問9 ①の「徒然草《つれづれぐさ》」は兼好法師《けんこうほうし》（吉田兼好）の作で、清少納言の「枕草子」、鴨《かもの》長明《ちょうめい》の「方丈記」とともに古典における三大随筆といわれている。②の「太平記」は室町時代に成立した軍記物語。③の「大鏡《おおかがみ》」は、藤原道長《ふじわらのみちなが》を中心に据えた作者不詳の歴史物語。

答え①

問10 漢字問題

すべて読めれば漢字名人！

強面	玉蜀黍	鯰	泡沫の恋
暫時	膀胱炎	褞袍	小生
一期一会	轡虫	篩	無知蒙昧
灰汁	蝙蝠	許嫁	知命
改竄	軍鶏	大蒜	初午

答え&解説

こわもて
他人が恐れるような怖い表情。

ざんじ
しばらく。少しの間。

いちごいちえ
一生に一度の出会いを大切にしようという意味。

あく
野菜などに含まれる渋み。転じて、どぎつい個性。

かいざん
書いてあることを自分に有利なように書き改めること。

とうもろこし
イネ科の植物。糖分が多いのがスイートコーン。

ぼうこうえん
三大特徴として、「排尿時の痛み」「尿の濁り」「頻尿」がある。

くつわむし
ガチャガチャと鳴くことから、「ガチャガチャ」という別名をもつ。

こうもり
哺乳類としては唯一、鳥のように飛ぶことができる。

しゃも
シャム(現在のタイ)から伝わったことから。食用のほか、闘鶏用。

なまず
冬場は温かい水の泥の中に穴を掘ってもぐり、越冬する。

どてら
広袖《ひろそで》の綿入れ。防寒用・寝具用。

ふるい
大きさをより分ける道具。「ふるいにかける」は、「選別する」意。

いいなずけ
婚約者。特に、小さな頃から将来結婚すると決められた相手のこと。

にんにく
「葫」とも書く。古代エジプトでも食べられていたという。

うたかたのこい
すぐに消えてしまう、はかない恋。「泡沫」は泡のこと。

しょうせい
男性が自分のことをへりくだって言う言葉。

むちもうまい
学がなく、物事の道理を知らないこと。

ちめい
五十歳。孔子《こうし》が天から与えられた使命を悟った年齢。

はつうま
二月最初の午の日。全国の伏見《ふしみ》稲荷でお祭りが行われる。

第6回　国語力判定テスト

問1　「昔日」という言葉を（　）に入れられるのはどれですか。　［正答率72％］

①（　）の感に堪えない。
②（　）の面影はない。
③（　）はお世話になりました。

問2　「金鐘児」と漢字で書く虫はどれですか。　［正答率32％］

①コオロギ
②スズムシ
③コガネムシ

問3　「むしゃぶりつく」の意味はどれですか。　［正答率21％］

①勢いよく食いつく
②あきることなく物を食う
③離すまいとして激しく抱きつく

答え＆解説

問1　「昔日《せきじつ》」は、文字どおり「昔の日々」つまり過去のこと。①は、正しくは「今昔《こんじゃく》の感に堪えない」で、「昔と今を比べて、あまりの変わりように感慨を覚える」の意味。また、③のような口語的な挨拶に「昔日」といったあらたまった漢語はそぐわない。

答え②

問2　「金鐘児《きんしょうじ》」とは、見るからに美しい声を連想する字である。コオロギは「蛩・蟋蟀」などと書く。コガネムシは「黄金虫」のほかに「金亀子」とも書く。

答え②

問3　「むしゃぶりつく」は③の意味で、「幼子が母親にむしゃぶりつく」などと用いるのが正しい。①は「かぶりつく」、②は「むさぼる（むさぼり食う）」の意味に当たる。

答え③

問4 敬語の使い方が正しいのはどれですか。［正答率28％］

① こちらの商品はお求めやすいお値段になっております。
② こちらの商品は普段よりお安くお求めになれます。
③ こちらの商品はいつでも安くお求めできます。

問5 「白眼視《はくがんし》」という言葉の由来する故事では、好ましく思う人にはどんな色の眼を向けたとあるでしょう。［正答率43％］

① 黒
② 青
③ 緑

問6 「隗《かい》より始めよ」の意味はどれですか。［正答率53％］

① 学問は基礎的な事柄から順序よく習うものだ。
② 何事も幼い頃から訓練を積むべきだ。
③ 言い出した本人から、まず始めるべきだ。

答え＆解説

問4　接尾語「やすい・にくい・づらい」などが付いた動詞を尊敬語にするときは、「お求めになりやすい」というように「お～になり…」という形を取るのが決まりである。

答え②

問5　中国・晋《しん》の思想家阮籍《げんせき》は、気に入らない者には「白眼《はくがん》」を、好ましい者には「青眼《せいがん》」を向けた、という故事に基づく。ただし「青眼」は青い眼ではなく、白眼に対して黒眼をいう語。

答え②

問6　郭隗《かくかい》という人物が燕《えん》の昭王《しょうおう》に向かって、「人材を集めるのならまずこの私を登用してください。それを知って、全国のより優秀な人材が我こそはと、集まってくるでしょう」と言った故事から、事を成すにはまず、言い出した者から始めよ、手近なところから始めよ、となった。出典は「戦国策」。

答え③

問7 **「大同小異」の意味はどれですか。** [正答率70%]

① 多かれ少なかれ
② 大きいのや小さいの
③ だいたい同じ

□

問8 **「矍鑠」の正しい使い方はどれですか。** [正答率40%]

① 矍鑠たる歩き方
② 矍鑠とした証拠
③ 矍鑠たる冬景色

□

問9 **新古今和歌集の「三夕《さんせき》の歌」の中で藤原定家の作品はどれですか。** [正答率58%]

① 寂しさはその色としもなかりけり槙《まき》立つ山の秋の夕暮れ
② 見渡せば花も紅葉もなかりけり浦の苫屋《とまや》の秋の夕暮れ
③ 心なき身にもあはれは知られけり鴫《しぎ》立つ沢の秋の夕暮れ

□

問7 「大同小異《だいどうしょうい》」は、ほとんど同じで、細かい点だけ違うこと。「五十歩百歩」などと同じ意味。 **答え③**

問8 「矍鑠《かくしゃく》」は、後漢の光武帝《こうぶてい》が馬援《ばえん》という老臣の元気なようすをいった言葉で、年をとっても心身ともに健《すこ》やかで元気であることをいう。出典は「後漢書」。 **答え①**

問9 藤原定家《ふじわらのていか》は新古今和歌集編纂《へんさん》の中心人物の一人。小倉《おぐら》百人一首は定家の撰《せん》といわれる。①の歌は、寂蓮《じゃくれん》法師の作。③の歌は、西行《さいぎょう》法師の作。西行法師は、新古今和歌集最多入集の歌人で、私家集に「山家集《さんかしゅう》」がある。 **答え②**

問10　漢字問題

すべて読めれば漢字名人！

行脚	行者大蒜	卓袱台	玉の輿
稀有	黄疸	簪	偕老同穴
陶冶	蟷螂	擂粉木	温厚篤実
還俗	錦蛇	継母	耳順
鱈	山羊	甘藍	灌仏会

答え&解説

あんぎゃ
僧が諸国を巡って修行をすること。

ぎょうじゃにんにく
生長がゆっくりで、二年かけて本葉二枚が食用の大きさになる。

ちゃぶだい
脚の短い折りたたみ式の四脚テーブル。様々な用途があって便利。

たまのこし
思いがけず条件のよいところに嫁ぐこと。婿入りの場合はご存じ逆玉。

けう
まれであること。めったにないこと。

おうだん
皮膚や粘膜が黄色くなる症状。肝臓や胆嚢《たんのう》などの病気によって起こる。

かんざし
女性用の髪飾り。髪にさして使う。様々な装飾物が美しい。

かいろうどうけつ
「ともに老い、同じ墓に入るまで一緒」の意。夫婦仲がむつまじいこと。

とうや
人格や才能を高めること。

かまきり
「螳螂」「鎌切」とも書く。卵は、「おおじがふぐり」と呼ばれる。

すりこぎ
「摺子木」とも書く。擂鉢《すりばち》でするための棒。

おんこうとくじつ
思いやりがあって情にあつく、まじめであること。

げんぞく
一度出家した人が、またもとの俗人に戻ること。

にしきへび
大きいものは十メートルの長さに達するものも。

けいぼ
「ままはは」とも読む。父の妻ではあるが、自分とは血のつながりのない母。

じじゅん
六十歳。孔子《こうし》が人の言葉を素直に聞けるようになったという年齢。

たら
「大口魚」とも書く。「鱈腹《たらふく》」などの言葉も「鱈」の字を使う。

やぎ
紀元前数千年前から人間に飼われていたとされる家畜。

かんらん
キャベツのこと。紫キャベツの赤い色素はアントシアニン。

かんぶつえ
四月八日の花祭り。お釈迦《しゃか》様の誕生を祝い、像に甘茶をかける。

国語常識10問テスト① 対義語

／100

平均点 64点

■次の言葉の対義語（反対の意味の言葉）を選びましょう。（1問10点）

問1 疎遠
㋐ 深遠 ㋑ 親密 ㋒ 親疎

問2 狡猾
㋐ 老獪 ㋑ 愚直 ㋒ 狷介

問3 雑然
㋐ 騒然 ㋑ 整然 ㋒ 漫然

問4 雄弁
㋐ 能弁 ㋑ 訥弁 ㋒ 詭弁

問5 高騰
㋐ 低迷 ㋑ 暴騰 ㋒ 下落

問6 拙速
㋐ 巧遅 ㋑ 晩成 ㋒ 有終

問7 演繹
㋐ 帰納 ㋑ 止揚 ㋒ 弁証

問8 竣工
㋐ 起工 ㋑ 完工 ㋒ 施工

問9 逆境
㋐ 順境 ㋑ 佳境 ㋒ 進境

問10 韻文
㋐ 詩文 ㋑ 散文 ㋒ 漢文

答え＆解説

問1 ㋑ 86%

よそよそしいのが「疎遠《そえん》」。

問2 ㋑ 61%

「狡猾《こうかつ》」「老獪《ろうかい》」は「ずる賢い」こと。「狷介《けんかい》」は片意地を張ること。

問3 ㋑ 82%

整っているのは「整然」。

問4 ㋑ 48%

飾り気がなく口数の少ないことを「朴訥《ぼくとつ》」という。

問5 ㋒ 71%

価格などが異常に高くなるのが「高騰《こうとう》」。その反対は「下落」。

問6 ㋐ 64%

「拙」と「巧」、「速」と「遅」が対になっている。

問7 ㋐ 58%

理論から事象を予想するのが「演繹《えんえき》」。事象から理論を構築するのが「帰納《きのう》」。

問8 ㋐ 34%

「竣工《しゅんこう》」は「建物などの工事が完成する」の意。

問9 ㋐ 65%

うまくいっていれば「順境」。うまくいかなくなると「逆境」。

問10 ㋑ 75%

詩のようなリズムをもつ文章が「韻文《いんぶん》」。もたない文章が「散文《さんぶん》」。

答えの下の数字は、それぞれの正答率です。

第7回　国語力判定テスト

問1 駅でおなじみの「キオスク」。もとは何語ですか。

① トルコ語
② ギリシア語
③ スペイン語

［正答率43％］

問2 六歌仙《ろっかせん》の一人で伝説の女流歌人といえばだれですか。

① 小野小町
② 和泉式部
③ 式子内親王

［正答率62％］

問3 鼓を打つ音を語源にもつ植物はどれですか。

① ペンペングサ
② サザンカ
③ タンポポ

［正答率29％］

答え&解説

問1　トルコ語で「四阿《あずまや》」を意味する言葉が語源。それがイスラム帝国の拡大によってヨーロッパに渡り、屋台風の売店を意味するようになった。日本ではJRの駅にある売店の呼び方となっている。鉄道弘済会《こうさい》ではつづりを「キヨスク」とするのが正式である。

答え①

問2　①の小野小町は六歌仙唯一の女流歌人で、生没年未詳。九世紀半ばの宮廷で活躍したが、そのほかのことについては不明で、各地に伝説が残されている。

答え①

問3　タンポポはその花の形から古く「鼓草《つづみぐさ》」といわれていた。このため、「タンポン」という鼓を打つ音から「タンポポ」と呼ばれるようになったという説が有力。ちなみに漢名は「蒲公英」。「蒲」はガマという水草の葉、「公」は雄雌のオス、「英」は花・花びらの意味である。また、英名は「ダンデライオン（ライオンの歯）」である。ぎざぎざした葉の形が語源らしい。

答え③

問4 「おくのほそ道」冒頭の一文で、（　）に入る言葉はどれですか。

◎「月日は百代《はくたい》の過客《かかく》にして、行きかふ（　）もまた旅人なり」

① 年
② 時
③ 人

[正答率29％]

問5 「いたちごっこ」の意味はどれですか。

① 互いに追いかけっこすること。
② だましたりだまされたりすること。
③ 同じことの繰り返しで、決着がつかないこと。

[正答率71％]

問6 「問うに落ちず」に続く慣用句はどれですか。

① 人後に落ちる
② 情けに落ちる
③ 語るに落ちる

[正答率69％]

答え＆解説

問4 人生は旅そのもの、という松尾芭蕉《まつおばしょう》の思想がよく示されている冒頭部分の一節。これに続いて、古人の跡を偲び、風雅の道を探求する旅への憧れ、旅立つまでの経緯がつづられていく。

答え①

問5 もともとは子どもの遊び。二人が互いに相手の手の甲をつねり合いながら、「いたちごっこ、ねずみごっこ」と唱える。

答え③

問6 「問うに落ちず語るに落ちる」は、人から尋ねられると用心して言わないのに、何気なく話すうちについ本当のことを言ってしまう、の意。「語るに落ちる」のみで用いることが多い。

答え③

問7 よく若者に使われる「うざい」。語源はどれだといわれていますか。

［正答率75％］

① 「うさんくさい」の省略形
② 東京多摩方言「うざったい」の省略形
③ 「うるさい」の忌み言葉

□

問8 「情けは人の為ならず」の意味はどれですか。

［正答率66％］

① 人に親切にしておけばよい報いがある
② 情けをかけるのはその人のためにならない
③ 情に流されると、損をすることになる

□

問9 敬語の使い方が正しいのはどれですか。

［正答率39％］

① 筆記具をご持参ください。
② 筆記具をお持ちください。
③ 筆記具をお持ちなさい。

□

答え&解説

問7 多摩方言の「うざったい」の略といわれる。当地出身であった新撰組の近藤《こんどう》勇《いさみ》や土方歳三《ひじかたとしぞう》も使っていたことだろう。本来は毛虫や蛇を見たときなどに、気持ち悪い・気味悪いの意味で使われていたが、現在の省略形「うざい」は、「うっとうしい」くらいの意味で使われている。 **答え②**

問8 人に情けをかけておけば、巡り巡ってよいことがあるという意味。「情けをかけるのはその人のためにならない、だから、人には親切にするな」は誤った解釈。 **答え①**

問9 ①の「持参」は「参（まいる）」という言葉が表しているように、謙譲表現と考えるのが一般的。よって、何をどう付けようが尊敬語にはなりえない。③は、命令口調が気になる。また、単に手に「持つ」の意味にとられやすいので不適。 **答え②**

問10　漢字問題

すべて読めれば漢字名人！

同衾	茶筅	眩暈	上意下達
親展	楊枝	虱	完遂
玉石混淆	梯子	蝸牛	貪欲
古稀	無花果	膃肭臍	下衆
卒塔婆	野蒜	駝鳥	鰺

答え＆解説

じょういかたつ
上の者の意志や命令を下の者に徹底させること。

めまい
体が回転するような感覚におそわれること。「げ（け）んうん」とも。

ちゃせん
抹茶をたてるとき、泡立てたり練ったりする道具。

どうきん
一つの寝具の中に男女が一緒に寝ること。肉体関係を暗示。

かんすい
やりとげること。「かんつい」と読むのは誤り。

しらみ
ケジラミとヒトジラミは人間の血も吸う。

ようじ
「楊子」とも書く。先を細くした小さな棒。

しんてん
宛名の人自身にその手紙を開封してほしい場合に付ける言葉。

どんよく
非常に欲が深いこと。

かたつむり
「かぎゅう」とも。陸上にすむ大形の巻き貝の総称。地方によって、様々な別名がある。

はしご
「梯子を外される」で、「孤立してしまう」の意。

ぎょくせきこんこう
価値のあるものとないものがごちゃ混ぜになっていること。

げす
身分の低い者。品性の劣る者。

おっとせい
アイヌ語に由来する命名。雄がハーレムをつくることで有名。

いちじく
「天仙果」「映日果」とも書く。「唐柿《とうがき》」などの呼び名もある。

こき
七十歳。昔は七十まで生きるのが「稀《まれ》」だった。

あじ
味がよいから「アジ」という説が有力。多くのレシピに活用される。

だちょう
意外にも、食用として飼育されるダチョウ牧場もある。

のびる
春の野草。酢味噌あえなどにすると美味。

そとば
死者の供養のために墓に立てる板。

第8回　国語力判定テスト

問1 **「食指が動く」の「食指」は何を指しますか。**

［正答率87%］

① 人差し指
② 小指
③ 親指

問2 **社外からかかってきた電話に対する応え方として正しいのはどれですか。**

［正答率49%］

① だれをお呼びになりますか。
② だれをお呼びしましょうか。
③ どなたをお呼びしますか。

問3 **和製英語はどれですか。**

［正答率38%］

① ワンパターン
② レンタルルーム
③ アットホーム

答え&解説

問1 中国では、人差し指を、食事をするときに用いる指という意味で食指と呼ぶ。春秋時代の鄭《てい》の公子宋《こうしそう》が自分の人差し指が動くのを見て、ごちそうにありつける前触れだと言った故事から、食欲がわく、興味がわく、欲しい、の意味となる。出典は「春秋左氏伝《しゅんじゅうさしでん》」。 **答え①**

問2 ①は、「呼ぶ」の主体が自分。「～になる」という尊敬語を用いているところが誤り。③は、呼ぶ相手が自分方（同じ会社の人間）であるので、「どなた」という尊敬語を用いるのは誤り。②は、電話の相手のために自分が「呼ぶ」のだから、「お～する」という謙譲語を用いてもかまわない。 **答え②**

問3 「ワンパターン」は「型どおり・代わりばえしないようす」を表す和製英語。「レンタルルーム」は「時間貸しの部屋」のことで、単なる「賃貸部屋」ではない。「アットホーム」は「くつろいだ・家庭的な」の意味。 **答え①**

問4 **次は地名を折り込んだ語呂合わせです。（　　）に東京都以外の地名が入るのはどれですか。**

①　おそれ（　　）の鬼子母神《きしもじん》

②　うそは（　　）の魚市場

③　その手は（　　）の焼き蛤《はまぐり》

［正答率79％］

問5 **（　　）に入る言葉はどれですか。**

◎「（　　）、鮮《すくな》し仁《じん》」

①　才色兼備

②　繁文縟礼

③　巧言令色

［正答率57％］

問6 **「世間ずれ」の正しい使い方はどれですか。**

①　研究室に閉じこもっているから感覚が世間ずれしている。

②　幼少より商人の中で育ったせいか世間ずれした子になった。

③　先生の発想は世間ずれして、現代っ子には面白みがない。

［正答率70％］

答え＆解説

問4　順に①「入谷《いりや》」、②「築地《つきじ》」、③「桑名《くわな》」が入る。それぞれ「おそれいる」「うそをつかじ(＝つかない)」「その手はくわない」との語呂合わせ。「入谷」は東京都の上野にほど近く、「築地」は今も魚河岸《うおがし》で有名だ。「桑名」は三重県北東部にある港町。

答え③

問5　「巧言令色《こうげんれいしょく》、鮮《すくな》し仁《じん》」とは、孔子の言葉。言葉巧みで愛想のよい顔つきばかりする人間に、誠意のある者はいない、の意。①の「才色兼備《さいしょくけんび》」は才知・美貌を兼ね備えた女性。②の「繁文縟礼《はんぶんじょくれい》」は規則・礼法などが複雑で煩わしいこと。

答え③

問6　世の中で、苦労して、悪賢くなることを「世間ずれする」という。「擦《す》れる」からきている。①・③は単に「ずれる」が適する。「世間の常識からずれている」などと使う。

答え②

問7 「コンクリートな計画」などというときの「コンクリート」の意味はどれですか。
［正答率23％］

① 強情な
② 具体的な
③ 成形できる

問8 現代仮名遣いで書いた場合、正しいのはどれですか。
［正答率54％］

① ほおづき市
② ほおずき市
③ ほうづき市

問9 「□衣帯水」「□変万化」「□面六臂」の□に入る数字を足し算すると合計はどれですか。
［正答率79％］

① 六
② 一一
③ 一〇九

問7 「コンクリート」は「具体的な」の意味で、対義語は「アブストラクト＝抽象的な」。「固体の」という意味もあり、そこからおなじみの建築用材を表すようになった。ちなみに「成形できる」は「プラスチック」である。

答え②

問8 「ぢ」「づ」は、現代仮名遣いでは、次の場合に限って用いられる。
⑴二語連合……複合語の場合、後の語の最初の音が濁って発音される場合。みかづき＝三日＋月、はなぢ＝鼻＋血など。
⑵同音連呼……一語の中で、同じ音が続く場合。つづく・つづみ・ちぢむなど。「ほおずき」や「ちからずく」のようにもとの意味（両例の場合「つく」）が薄れているときは現代仮名遣い「ず」を用いる。

答え②

問9 「一衣帯水《いちいたいすい》」「千変万化《せんぺんばんか》」「八面六臂《はちめんろっぴ》」で、数字をすべて足した答えは一〇〇九。

答え③

問10 漢字問題

すべて読めれば漢字名人!

順風満帆	八朔	鮟鱇	御鞭撻
柔和	虎列剌	茶漉し	曖昧模糊
贖罪	虻	円規	米寿
法被	驢馬	眷族	涅槃会
半夏生	糟糠の妻	檸檬	新嘗祭

答え&解説

じゅんぷうまんぱん
物事が思いどおりに進むことのたとえ。

にゅうわ
表情や態度が柔らかな感じ。

しょくざい
罪をつぐなうこと。

はっぴ
印半纏《しるしばんてん》。

はんげしょう
夏至《げし》から十一日目。

はっさく
柑橘類の中でも独特の風味がある。また、陰暦八月一日のこともこう呼ぶ。

これら
感染症の一つ。「虎狼痢」と書いて「ころり」とも。

あぶ
花の花粉や蜜をなめるのは雄で、雌は、牛の血などを吸う。

ろば
性質はおとなしく、静かで力持ちといった印象。

そうこうのつま
出世前から苦労をともにしてきた妻。「糟糠」は粗末な食べ物のこと。

あんこう
「提灯《ちょうちん》鮟鱇」は、発光する器官で餌《えさ》をおびき寄せる。

ちゃこし
茶がらが器に入らないようにする道具。

こんぱす
主に円を描くときに用いる文房具。

けんぞく
「眷属」とも書く。血縁のある一族。「家来」という意味もある。

れもん
別名を「枸櫞《くえん》」という。クエン酸という言葉はここからきている。

ごべんたつ
「励まし」のこと。もとは、むちで打つという意味。

あいまいもこ
はっきりしないようす。「模糊」は「曖昧」同様はっきりしないようす。

べいじゅ
八十八歳。「米」を分解すると、「八」「十」「八」に見える。

ねはんえ
陰暦二月十五日、お釈迦《しゃか》様の入滅を惜しんで行われる法会《ほうえ》。

にいなめさい
収穫した穀物を天地の神に供える祭。十一月二十三日に行われた。

第9回　国語力判定テスト

問1　「刮目」の使い方が正しいのはどれですか。　［正答率68％］

①　しのぎを削る戦いに刮目の差で敗れた。
②　刮目して世の動きをつぶさに知り尽くす。
③　すれ違う人を肩越しにちらりと刮目した。

□

問2　「馬耳東風《ばじとうふう》」の「東風」とは、どの季節の風ですか。　［正答率54％］

①　冬
②　秋
③　春

□

問3　「灯火親しむべし」に関係のある言葉はどれですか。　［正答率53％］

①　蛍雪の功
②　読書の秋
③　春の夜桜

□

答え＆解説

問1　「刮目《かつもく》」は目をこすってよく見ること。「三国志」に「刮目して相待つ」とあり、呂蒙《りょもう》という男の学問の励み方、進歩の速さに驚いた魯粛《ろしゅく》に対して呂蒙が「立派な人間は三日会わないだけで目をこすって見直さなければならぬのだ」と言ったとある。

答え②

問2　「馬耳東風《ばじとうふう》」は、東から春のそよ風が吹くと人々は喜ぶが、馬は何とも思わない、ということから、人の忠告・意見を聞き流すだけで気にもとめないようす。

答え③

問3　「灯火《とうか》親しむべし」は、韓愈《かんゆ》の詩から。秋の夜長は読書に向いているということ。①の「蛍雪《けいせつ》の功《こう》」は蛍の光、窓の雪を灯《あかり》にして勉学し、高官になった故事から、苦学の成果をいう。出典は「晋書《しんじょ》」。

答え②

問4 **「目から鼻へ抜ける」の使い方が正しいのはどれですか。**

① 彼女は目から鼻へ抜けるような美貌の持ち主だ。
② 目から鼻へ抜けるような利口な人のやり方だ。
③ 彼は目から鼻へ抜けるような気立てのよい人だ。

［正答率57%］

□

問5 **主に関東で使われる「ドドメ色」。「ドドメ」とは本来何のことですか。**

① ザクロの実
② アケビの実
③ 桑の実

［正答率31%］

□

問6 **「古事記伝」を著した江戸時代の国学者はだれですか。**

① 新井白石
② 本居宣長
③ 塙保己一

［正答率70%］

□

問4 「目から鼻へ抜ける」は抜け目なく、すばしこいこと、利発なこと。容貌《ようぼう》の美しさをいう「鼻筋の通った」と混同しないようにしたい。

答え②

問5 関東、特に群馬県辺りで桑の実のことをいう。色はブルーベリーに似た濃い紫色。食べるとイチゴのような食感で、甘酸っぱい味がする。

答え③

問6 ②の本居宣長《もとおりのりなが》は、江戸時代の国学者で号《ごう》は「鈴屋《すずのや》」。「古事記」の注釈書である「古事記伝」、「源氏物語」の研究書「源氏物語玉《たま》の小櫛《おぐし》」など。①の新井《あらい》白石《はくせき》は、江戸中期の幕府の儒官で自伝「折《おり》たく柴《しば》の記」など。③の塙保己一《はなわほきいち》は、江戸時代の盲目の国学者。日本最大の叢書《そうしょ》である「群書類従《ぐんしょるいじゅう》」の編者として有名で、学術上多大な貢献をした。

答え②

問7 「とんでもない」の丁寧語として正しくないのはどれですか。

① とんでもないことです
② とんでもございません
③ とんでもないことでございます

［正答率53％］

問8 「小鼻を膨《ふく》らませる」のはどんなときですか。

① 不満なとき
② 得意なとき
③ 熱中しているとき

［正答率24％］

問9 夏目漱石の作品にゆかりのある池はどれですか。

① 三四郎池
② 善福寺池
③ 猿沢池

［正答率77％］

問7 「とんでもない」は一語の形容詞なので、その「ない」だけ外して「ございません」に換えることはできない。ただし現在では、問題ないとされる向きもある。

答え②

問8 「小鼻を膨《ふく》らませる」は、不満げな表情を表す。得意なようすの場合は、「小鼻をうごめかす」が適当。

答え①

問9 夏目漱石の小説「三四郎」にちなんで名付けられた三四郎池は、東京大学構内にある。②の善福寺池《ぜんぷくじいけ》は、東京都杉並区にある。③の猿沢池《さるさわのいけ》は奈良・興《こう》福寺《ふくじ》のそばにある。

答え①

問10　漢字問題

すべて読めれば漢字名人！

乳兄弟	甘蔗	跪く	別嬪
伝播	麻疹	鮗	比翼連理
遊説	殿様蛙	猪口	海容
穏当	浣熊	後裔	意味深長
手水鉢	梟	韮	卒寿

答え&解説

ちきょうだい
血縁はないが、同じ女性の母乳で育った間柄。

でんぱ
伝わり広まること。

ゆうぜい
自分の意見などを説いて歩くこと。

おんとう
穏やかで無理がない。

ちょうずばち
手を洗う水を入れてある鉢。

かんしょ
サトウキビのこと。

はしか
「ましん」とも読む。急性の発疹《ほっしん》性の感染症。小児に多い。

とのさまがえる
別名を「金線蛙《きんせんがえる》」といい、「金銭が返る」と読めなくもない?

あらいぐま
「洗熊」とも。本当に洗っているような手つきがかわいい。

ふくろう
おとなしそうに見えるが、実は肉食。

ひざまずく
地面に膝《ひざ》をついてかがむ。

このしろ
若魚は「小鰭《こはだ》」、幼魚は「新子《しんこ》」と呼ばれる。

ちょこ
酒を飲むときに用いる小さな器。「ちょく」の音から転じた。

こうえい
子孫のこと。

にら
刈り取ってもまた新芽が伸びてくる。小さくて白い花をつける。

べっぴん
美しい女性のこと。ちょっとくだけた言い方。

ひよくれんり
「比翼の鳥」と「連理の枝」。夫婦仲がよいことのたとえ。

かいよう
大きな心で過ちを許すこと。詫《わ》び状に使う。「ご海容ください」。

いみしんちょう
ある表現の内容が奥深いこと。「意味慎重」としないように注意。

そつじゅ
九十歳。「卒」の異体字「卆」が、「九十」に見える。

第10回　国語力判定テスト

問1　「住めば都」の意味はどれですか。　［正答率98％］

① 住むなら便利で美しい都会がよい。
② 田舎もいつかは都市化するだろう。
③ 自分の住んでいるところが一番よい。

問2　昔の歴史書「六国史《りっこくし》」に含まれないのはどれですか。　［正答率29％］

① 古事記
② 日本書紀
③ 日本三代実録

問3　時間に関係する熟語はどれですか。　［正答率19％］

① 東雲
② 南風
③ 北上

答え&解説

問1　どんなところでも慣れれば、住みよいところになるということ。「住めば」は「住んでみれば」である。「住むなら（住まば）」ではないことに注意。

答え③

問2　六国史《りっこくし》は奈良時代前期から平安時代前期にかけて天皇の命令によって編纂《へんさん》されたわが国の正史を記した六つの歴史書（「日本書紀」「続日本紀《しょくにほんぎ》」「日本後紀《こうき》」「続《しょく》日本後紀」「日本文徳《もんとく》天皇実録」「日本三代実録」）の総称。漢文・編年体《へんねん》（年代順に記事を記述する形式）を特徴とする。

答え①

問3　「東雲《しののめ》」は夜明け・明け方の意。「南風《はえ》」は、南から吹く風。「北上《ほくじょう》」は北の方角に進むこと。反対語は「南下」。

答え①

問4 「断腸の思い」は腸がちぎれるほどの悲しみのこと。では、この故事で腸がちぎれたのはだれですか。

①　国を憂いて自殺した詩人
②　眼前で夫を殺された妻
③　子をつれ去られた母猿

［正答率30％］

問5 宿泊施設「ペンション」と同じ起源をもつとされる言葉はどれですか。

①　豪邸
②　仮住まい
③　年金

［正答率24％］

問6 「のみといえば槌」の意味はどれですか。

①　気が利いている
②　互いの気が合う
③　融通が利かない

［正答率38％］

問4 「断腸の思い」は、はらわたがちぎれるほどのつらく悲しい気持ち。船に捕らえられた子猿を泣き叫びながら追い、川岸を伝い、ついには船に飛び乗り悶え死んだ母猿の腹を割いてみたら腸がずたずたにちぎれていたという故事から。出典は「世説新語《せせつしんご》」。

答え③

問5 「ペンション」には、英語では「年金」の意味もある。語源はともにラテン語のpendere(支払う)。年金生活者が余った部屋を宿泊用に提供したのが、いわゆる「ペンション」の始まりという説もある。

答え③

問6 のみといえば槌《つち》を持ってくるのは気が利いているということ。のみと槌はともに木材、石材を加工する工具である。

答え①

問7 **次の文の説明として正しいのはどれですか。** ［正答率60％］

◎「次はどなたが出てまいりますでしょうか」

① 尊敬語にすべきところが謙譲語になっている。
② 尊敬語を重ねて用いているので丁寧すぎる。
③ 謙譲語にすべきところが尊敬語になっている。

□

問8 **「餞別」を意味する「はなむけ」。本来の意味を漢字で書くとどうなるでしょう。** ［正答率26％］

① 花向け
② 端向け
③ 鼻向け

□

問9 **「昔取った杵柄」の「杵柄」は何をたとえていますか。** ［正答率64％］

① 名声
② 知識
③ 腕前

□

問7 主語は「どなた」という相手方の人間なので、「出る」には尊敬語を用いて「出ていらっしゃる」とすべきである。また「ます」と「です」を重ねているが、これは尊敬語ではなく丁寧語の二重敬語。

答え①

問8 昔、旅立つ人を見送る際に、その人の乗る馬の口を取って、その鼻先を行く先のほうへ向けてやったということから。次第にこの行為は「馬の鼻向け」という風習となり、送別会・餞別《せんべつ》の意味を表すようになった。十世紀に書かれた「伊勢物語」や、紀貫之《きのつらゆき》の「土佐《とさ》日記」にも「う（む）まのはなむけ」という言葉が出てくるが、すでに「送別の宴会」の意味で使われている。

答え③

問9 若い頃に杵《きね》の柄《つか》を握り、餅をついたように、過去に鍛えて、衰えずに身に付けている技量や腕前をいう。

答え③

問10　漢字問題

すべて読めれば漢字名人！

読点	白癬	簾	御転婆
素人	蜩	杓文字	明鏡止水
刃傷沙汰	儒艮	茗荷	傘寿
解せる	雪洞	木耳	御布施
鰰	雉子	蕃瓜樹	赤口

答え&解説

とうてん
「、」のこと。「。」は句点。

はくせん
水虫などの伝染性の皮膚病。「股部白癬《こぶはくせん》」は、「いんきんたむし」。

すだれ
日よけのため、竹などを並べて編み重ねたもの。

おてんば
元気で活発な女の子。やしとやかさに欠けるようす。

しろうと
そのことを専門としない人。

ひぐらし
夏の夕方に鳴き、風情を感じさせる。

しゃもじ
汁や飯をよそう道具。「杓子《しゃくし》」の「杓」に「文字」をつけた文字詞。

めいきょうしすい
明るくて曇っていない鏡と波のない静かな水。心の平静な状態をいう。

にんじょうざた
刃物で人を傷つけること。

じゅごん
体長約三メートルの哺乳類。人魚はジュゴンのことだという説もある。

みょうが
食べるのは花の部分。栽培してまで食べるのは日本だけらしい。

さんじゅ
八十歳。「傘《かさ》」の略字「仐」が八十に見えることから。

げせる
理解できる。わかる。

ぼんぼり
雛飾りの中で見かけることが多い。実際にはあまり見かけなくなった。

きくらげ
文字どおり耳の形をしている。食感はクラゲに似ている。

おふせ
法事などで、お坊さんに包むお金。もとは人に物やお金を恵むこと。

はたはた
うろこがなく、普段は深海に生息している。

きじ
日本の国鳥。特に雄の羽根の色彩が美しい。

ぱぱいあ
南国では、青いうちに収穫して炒め物にしたりする。

しゃっこう
六曜の一つ。正午だけは吉。「しゃっく」とも読む。

第11回　国語力判定テスト

問1　「豚児」とはだれを意味する言葉ですか。

① 出来の悪い息子
② 尊敬する友人
③ 年の離れた弟

［正答率58％］

問2　「強か」の読み方として正しいのはどれですか。

① しった（か）
② したた（か）
③ あざや（か）

［正答率73％］

問3　「姑息」の使い方が正しいのはどれですか。

① 少し疲れたのでここで少し姑息としよう。
② 姑息にも私達の作戦は読み取られていたのだ。
③ 姑息な手を使って逃げ切れると思うな。

［正答率81％］

答え&解説

問1　「豚児《とんじ》」は、出来の悪い息子という意味で、自分の息子のことを謙遜した表現として用いられる言葉。同じ意味の言葉に「愚息《ぐそく》」がある。

答え①

問2　「強」には「したた（か）」以外に「あなが（ち）」などの訓読みもある。

答え②

問3　「姑息《こそく》」の「姑」はしばらく、とりあえず。「息」は休む、一時しのぎ、その場限りの間に合わせをいう。出典は「礼記《らいき》」。

答え③

問4 **「あずか(る)」に、ほかと異なる漢字を用いるのはどれですか。**

［正答率45％］

① 公演の成功には裏方の人々もあずかって力があった。
② 君たちの争いごとを私にあずからせてくれないか。
③ 私ごときが会の設立にあずからせていただき恐縮です。

問5 **「去る者は日々に疎《うと》し」の「疎し」の意味はどれですか。**

［正答率73％］

① 疎遠になる
② うとましくなる
③ 鈍感になる

問6 **「逆鱗に触れる」の「逆鱗」。竜の体のどの部分にありますか。**

［正答率58％］

① 脇腹
② あごの下
③ 背中

問4　「あずかる」と読む漢字には、「預かる」と「与る」の二つがある。②が「預かる」で、①・③は「与る」を用いる。「預かる」は「他人のものを保管している」の意味で、「与る」は「関係する・かかわっている」の意味で用いられる。

答え②

問5　死者は月日とともに忘れ去られ、親しかった者も遠ざかれば自然と交情が薄れていく、ということ。

答え①

問6　「逆鱗《げきりん》に触れる」は、竜のあごの下に一枚だけ逆さに生えた鱗《うろこ》があり、これに人が触れると怒って殺したという「韓非子《かんぴし》」の故事に由来する成語。転じて「天子・天皇の怒り」あるいは、「(目上の者の) 激しい怒り」を意味するようになった。

答え②

問7 **同様の意味の語の組み合わせはどれですか。**

①　先棒《さきぼう》を担《かつ》ぐ――先鞭《せんべん》をつける

②　手掛ける――手に掛ける

③　腹を割る――底を割る

［正答率13％］

□

問8 **「水は方円の器に随《したが》う」とは、どういうことのたとえですか。**

①　人は状況に臨機応変に対処すべきだ。

②　人は環境や友人によってよくも悪くもなる。

③　人は住み慣れた環境を離れがたいものだ。

［正答率47％］

□

問9 **「葛藤にさいなまれる」とはどんな意味ですか。**

①　心がもつれる

②　しがらみにとらわれる

③　憎しみの心が沸き立つ

［正答率50％］

□

問7 ③の「腹を割る」も「底を割る」も本心を言う、隠さず打ち明ける、という意味。①の「先棒《さきぼう》を担《かつ》ぐ」は力ある者の手先になること、「先鞭《せんべん》をつける」は人に先んじて物事に取り掛かること。②の「手掛ける」は直接そのことをすること、「手に掛ける」は自らの手で殺すこと。また、世話をすること。

答え③

問8 「方」は四角、「円」は丸。水が容器の形に従いその形を変えるように、人も周囲の環境や交友次第でよくも悪くもなる、ということ。「朱に交われば赤くなる」などと同じ意味。

答え②

問9 「葛藤」は、「葛《かずら》」や「藤」のつるがもつれ合って解《ほど》けないようすから生まれた言葉。心の中に対立した考えが起こり、どちらを選んだらよいか迷っているようすを表す。

答え①

問10 漢字問題

すべて読めれば漢字名人!

右顧左眄	擂鉢	水疱瘡	昔気質
喜寿	袢纏	蝗	成就
盂蘭盆	玄孫	塩辛蜻蛉	無碍
端午	糸瓜	海豚	往生
人日	柘榴	蠱惑	鮪

答え&解説

むかしかたぎ
昔ながらの、律儀で頑固な気性。

じょうじゅ
物事が実現すること。

むげ
障害のないこと。

おうじょう
死ぬこと。極楽で生まれ変わること。

まぐろ
「クロマグロ」「キハダ」「ビンナガ」の別名として「しび」という読みも。

みずぼうそう
兄弟でかかると、後からかかったほうが症状が重いことが多いとか。

いなご
佃煮にされることも多く、戦時中の貴重なタンパク源でもあった。

しおからとんぼ
中形のトンボ。雄は薄い水色。雌は黄褐色。

いるか
知能が高く、よく芸を覚える。方向探知のための超音波を出す。

こわく
色気を使って、女性が男性の心を惑わすこと。

すりばち
食品をすりつぶすための鉢。賭け事に負ける意の「する」を嫌って「当たり鉢」とも。

はんてん
「半纏」とも書く。羽織に似た上着。防寒着としての使用が多い。

やしゃご
「げんそん」とも読む。曽孫《ひまご》の子ども。

へちま
「天糸瓜」とも書く。ヘチマ水は昔ながらの化粧水。

ざくろ
熟したものの中にはたくさんの種子があり、子孫繁栄の象徴とも。

うこさべん
周りを気にして決断できずに迷うこと。「左顧右眄」ともいう。

きじゅ
七十七歳。「喜」を草書で書くと「㐂」で、「七十七」に見える。

うらぼん
七月十五日、ご先祖様が帰ってくるのでお供えをして経をあげる。

たんご
五月五日の節句。男子の成長を祝い、武者人形などを飾る。

じんじつ
陰暦一月七日のこと。七草粥《ななくさがゆ》を食べて長寿を願う。

第12回　国語力判定テスト

問1 **「木に縁《よ》りて魚《うお》を求む」の意味はどれですか。**　［正答率45％］

① 奇抜なやり方で欲しい物を得る
② 相手にお門違いな要求をする
③ 方法が違って目的が達せられない

□

問2 **「一難去ってまた一難」と同じ意味の言葉はどれですか。**　［正答率52％］

① 五風十雨
② 前虎後狼
③ 砲煙弾雨

□

問3 **「人口に膾炙する」の「膾炙」とは、もともと何を指しますか。**　［正答率19％］

① 多くの人が口ずさむ流行歌
② あまり信憑性《しんぴょうせい》のない噂話
③ だれもが喜ぶおいしい料理

□

問1　木によじ登って魚を探す、の意で、方法が目的にそぐわないこと。また、そのために苦労ばかりして効果がないこと。出典は「孟子《もうし》」。　答え③

問2　②の「前虎後狼《ぜんここうろう》」は、「前門の虎後門の狼」ともいい、表門からの虎の侵入を防いだら、今度は裏門に狼が迫っていた、ということ。①の「五風十雨《ごふうじゅうう》」は、風も雨もほどほどで農作に都合のよい気候。③の「砲煙弾雨《ほうえんだんう》」は戦争の激烈なようす。　答え②

問3　「膾炙《かいしゃ》」の「膾」はなます、「炙」はあぶり肉の意味。ともに美味な料理を指す。これらがだれにも喜ばれるように、広く人々に知れ渡ることをいう。出典は「周朴詩《しゅうぼくし》集序《しゅうのじょ》」。　答え③

問4　「徐々に」という意味の熟語はどれですか。　［正答率47％］

①　暫時
②　漸次
③　順次

□

問5　アメリカの「国防総省」を意味する「ペンタゴン」。もとの意味はどれですか。　［正答率71％］

①　五角形
②　迷路・迷宮
③　ギリシア神話に出てくる怪物

□

問6　水死人のことを土左衛門というのはなぜでしょう。　［正答率46％］

①　成瀬川土左衛門という相撲取りが水ぶくれのように太っていたから。
②　土左衛門という橋の番人が入水自殺者をよく助けたから。
③　林土左衛門という奉行所の役人が水死人の検視係だったから。

□

問4　①の「暫時《ざんじ》」は「しばらくの間」の漢語表現。②の「漸次《ぜんじ》」は「徐々に・次第に」の意。③の「順次」は「順に」の意。

答え②

問5　建物の形からこういう。九・一一の同時テロで標的にされたときのことを覚えている人も多いことだろう。ちなみに六角形のことは「ヘキサゴン」という。

答え①

問6　成瀬川《なるせがわ》土左衛門《どざえもん》は享保《きょうほう》時代の江戸の力士。体が色白でぶくぶくに太っていたので水死人のふくれあがった死体のようだと人々がからかったという。そこから水死人のことを土左衛門というようになった。

答え①

問7 言葉の使い方が正しいのはどれですか。 [正答率47%]

① 余分な贅肉を落としてスリムになった。
② 私には友達と呼べる人間は君しかいない。
③ 自衛隊が戦後以来初めて海外へ出兵した。

問8 「朝三暮四《ちょうさんぼし》」はどの動物に関係する故事成語ですか。 [正答率65%]

① 猿
② リス
③ 熊

問9 （　）に入る言葉はどれですか。 [正答率32%]

◎「喪家の（　）」

① 猫
② 狐
③ 狗

答え＆解説

問7 「贅肉《ぜいにく》」の「贅」には「無駄な・余分な」の意味がある。よって、①の「余分な」は文字どおり余分である。③の「戦後」には、「戦争が終わって」という副詞的な意味もあるので、「以来」は不要。②の「友達」は、「達」という複数を示す接尾語を含んではいるが、一人の人間のことも表せる。 **答え②**

問8 「朝三暮四《ちょうさんぼし》」は、中国・春秋《しゅんじゅう》時代の宋《そう》の狙公《そこう》（猿回し）が、飼っている猿たちに、朝三つ、夕方四つ餌をやると言ったら猿たちは足りないと怒り、朝四つ、夕方三つやると言うと喜んだ、という故事による。結果は同じなのに目先の違いにとらわれてしまうこと。また、人をうまく言いくるめてだますこと。出典は「列子《れっし》」。 **答え①**

問9 「喪家《そうか》の狗《いぬ》」は、飼い主が喪《も》の悲しみで餌をやり忘れた犬が痩《や》せて元気がないように、痩せ衰え、元気のない人のたとえ。出典は「史記」。 **答え③**

問10　漢字問題

すべて読めれば漢字名人！

孀	巾着	瘡蓋	博打
傾城	束子	蚤	年俸
勇往邁進	贐	天牛	帰忌日
白寿	山葵	斑馬	言霊
穀雨	李	貘	鱧

答え&解説

ばくち
賭けごと。ギャンブル。

かさぶた
真皮の出血や炎症が皮膚の表面に出たもの。

きんちゃく
口の部分を、紐《ひも》で閉められるようになっている袋状のもの。

やもめ
「寡」「寡婦」とも書く。夫に先立たれた妻。夫のいない女。

ねんぽう
一年単位で決めた俸給。

のみ
世界に約二〇〇〇種もいるというノミ目の昆虫の総称。

たわし
シュロの毛を束ねたものが主流だったが、今は金属製など様々。

けいせい
「傾城の美女」といえば、国を滅ぼしてしまうほど男を虜にする美女。

きこにち
この日に旅行や引っ越しをすると悪いことが起きるといわれる。

かみきりむし
「髪切虫」とも書く。確かに、髪の毛を差し出すと本当に切ります。

はなむけ
「餞別《せんべつ》」と同じ。馬の鼻を行き先に向けたことから。

ゆうおうまいしん
目的を定めて、それに向かって突き進むこと。

ことだま
言葉に宿ると信じられた霊力。

しまうま
「縞馬」とも書く。はっきりした白黒の縞模様は見事。

わさび
水のきれいなところでないと育たない。最近は葉ワサビも人気。

はくじゅ
九十九歳。「百」の字から上の一本の線を引くと「白」に。

はも
ウナギに似た海水魚。日本では高級食材とされる。

ばく
夢を食べるとされる想像上の動物。

すもも
中国原産。実は桃より小さく、酸味が強い。

こくう
四月二十日頃。恵みの雨が百穀の種を潤し、芽を出させるという。

国語常識10問テスト②　類義語

／100

平均点
62点

■次の言葉の類義語（似た意味の言葉）を選びましょう。（1問10点）

問1　**難儀**
㋐ 難題　㋑ 難解　㋒ 難渋

問2　**迂闊**
㋐ 慎重　㋑ 粗忽　㋒ 軽薄

問3　**野暮**
㋐ 生粋《きっすい》　㋑ 無骨　㋒ 暮色

問4　**質素**
㋐ 地味　㋑ 素朴　㋒ 無印

問5　**虚実**
㋐ 美醜　㋑ 真偽　㋒ 善悪

問6　**展覧**
㋐ 閲覧　㋑ 陳列　㋒ 公開

問7　**醜聞**
㋐ 悪評　㋑ 風説　㋒ 外聞

問8　**意趣**
㋐ 遺物　㋑ 遺憾《いかん》　㋒ 遺恨

問9　**卑怯**
㋐ 卑屈　㋑ 卑劣　㋒ 野卑

問10　**旺盛**
㋐ 軒昂　㋑ 兼行　㋒ 権衡

答え&解説

答えの下の数字は、それぞれの正答率です。

問1 ㋒ 66%
「物事がうまく進行しなくなる」ことを意味する。

問2 ㋑ 49%
「迂闊《うかつ》」「粗忽《そこつ》」とも「そそっかしい」「不用意」「軽率」などの意味。

問3 ㋑ 75%
「洗練されていない」意味。「粋」「風流」の対義語。

問4 ㋐ 44%
「派手」「驕奢《きょうしゃ》」「贅沢《ぜいたく》」などの反対の意味の言葉。

問5 ㋑ 78%
「虚（うそ）」と「実（まこと）」。

問6 ㋑ 40%
「展」も「陳」も並べること。

問7 ㋐ 76%
「よくない評判」の意味。「好評」と対になる言葉。

問8 ㋒ 47%
要するに「恨み」のこと。「怨恨《えんこん》」「怨嗟《えんさ》」なども類義語。

問9 ㋑ 76%
「怯懦《きょうだ》」なども類義語。

問10 ㋐ 67%
「旺盛」「軒昂《けんこう》」とも「意気が盛んである」という意味の言葉。「権《けん》衡《こう》」は「つりあい」という意味。

第13回　国語力判定テスト

問1　**（　）に入る言葉はどれですか。**　［正答率87％］

◎「立て板に（　）」

①　石　②　塩

③　水

問2　**「快刀乱麻」の意味はどれですか。**　［正答率54％］

①　問題をスッキリ解決

②　悪者をズバッと成敗

③　敵・味方がゴチャゴチャ混乱

問3　**「商いは牛の涎」と関係のある言葉はどれですか。**　［正答率57％］

①　損して得取る

②　盗人に追い銭

③　安物買いの銭失い

答え＆解説

問1 「立て板に水」は、立て掛けた板から水が素早く流れ落ちるように、弁舌がすらすらと澱《よど》みないこと。

答え③

問2 「快刀乱麻《かいとうらんま》」はもつれた麻糸をよく切れる刀で切るように、紛糾《ふんきゅう》した物事を明快に処理すること。

答え①

問3 商売は牛の涎《よだれ》のように長く、利益を急がずに続けていくことがよい。「盗人に追い銭」は損の上に、さらに損を重ねること。「安物買いの銭失い」は安物を買えば、品物がよくないのでかえって損をすること。

答え①

問4 「めどをつける」の「めど」の意味はどれですか。

［正答率87％］

① 見当
② 題目
③ 目印

□

問5 「水商売」の語源はどれですか。

［正答率34％］

① 表向きは茶や水を売りながら裏で女や酒を供する商売
② 水のようになくてはならないものを売る商売
③ ただの水を売ってもうけるような利益の多い商売

□

問6 「行き掛けの駄賃」に関連のある言葉はどれですか。

［正答率64％］

① 負けるが勝ち
② ことのついで
③ 蛇《じゃ》の道は蛇《へび》

□

問4 「めど」は「目処」と表す。目標、見当などの意味。「復旧のめどは立たない」とか、「月末をめどに取り掛かる」などと使う。 **答え①**

問5 江戸・両国の河岸に出ていた水茶屋が起源といわれる。もとは茶や冷水などのソフトドリンクを供していたが、徐々に裏で酒を出したり女に客を取らせたり、といったことを始めたという。また、水の流れのように収入が定まらず不安定だから、という説もある。 **答え①**

問6 馬子《まご》が問屋《とんや》へ荷物を取りに行くついでに、よその荷物を運び、利益を得たことから、ことのついでに、ほかのこともやること。また、悪事のついでに別の悪事を働くこと。 **答え②**

問7 次の（　）に入る熟語はどれですか。

［正答率75%］

◎「いったん出た結論に（　）を唱える」

① 意義
② 異議
③ 異義

問8 現代仮名遣いで表したものが正しいのはどれですか。

［正答率69%］

① 十日（とおか）
② 効果（こおか）
③ 八日（よおか）

問9 「せわしい」の打ち消しの形として正しくないのはどれですか。

［正答率43%］

① せわしない
② せわしくない
③ せわしなくない

問7 ①の「意義」は「重要な意味」のこと。「意義深い仕事」などと用いる。②の「異議」は「異なった議（＝意見）」の意味。③の「異義」は文字どおり「異なった義（＝意味）」のことで、「同音異義語」などと用いる。

答え②

問8 ②は「こうか」、③は「ようか」と書く。「ようか」は「やか」の転。「お」は、漢語（音読みをする漢字・熟語）には表れない。逆にいえば、狼（おおかみ）・氷（こおり）・遠い（とおい）・通る（とおる）など、「お」を用いる言葉はすべて和語である。

答え①

問9 「せわしない」は、「せわしい」の語幹「せわし」に接尾語「ない」が付いた形容詞で、「せわしい」と同義である。②は「せわしい」の打ち消し、③は「せわしない」の打ち消しで、この二つも同義である。

答え①

問10 漢字問題

すべて読めれば漢字名人！

有為転変	嫂	鰤	川獺
所望	占地	鉋	河馬
拳	文旦	急須	揣摩憶測
流布	壊疽	篦	志
園丁	蜥蜴	旗幟鮮明	重陽

答え&解説

ういてんぺん 世の中は常に移り変わっているということ。

しょもう 欲しいと望むこと。

こぶし・けん 手をにぎりしめた格好。げんこつ。

るふ 世の中に広まること。

えんてい 庭師。

あによめ 兄の妻。兄嫁。

しめじ ハタケシメジやホンシメジなど種類も多彩。

ぶんたん 「ぼんたん」とも読む。大きな柑橘類。「ザボン」の別名。

えそ 壊死《えし》した細胞や組織が細菌感染をを起こした状態をいう。

とかげ 小さいものから、コモドオオトカゲのように体長三メートルのものも!

ぶり 師走の頃が一番おいしいことから「師」の字がつくとも。

かんな 大工道具の代表的存在。どこまで薄く削れるかが腕の見せ所。

きゅうす 茶を煎じ出すときに使う道具。

へら 高級なものになると、象牙で作られたりもする。

きしせんめい 自分の意志をはっきりさせること。「幟」はのぼりのこと。

かわうそ 指の間に水かきがあり、泳ぎが上手。

かば 昼間は水の中にいて、夜になると陸上で草を食べる。

しまおくそく あれこれ勝手に推測すること。

こころざし 死者への供養やいろいろな謝礼に、幅広い用途で使われる。

ちょうよう 陰暦九月九日のこと。菊の花を観賞したり、菊酒を飲んだりする。

第14回　国語力判定テスト

問1　「左右（　）」の（　）に入る熟語はどれですか。　［正答率47％］

①　対象
②　対照
③　対称

問2　「膝が笑う」のは、どんなときですか。　［正答率57％］

①　酔ってしまりなく歩いているとき
②　山道などを歩いて疲れたとき
③　楽しみにしていた遠足に出かけるとき

問3　「しおどきを見計らう」の「しおどき」の意味はどれですか。　［正答率83％］

①　チャンス
②　引き際
③　限界

答え＆解説

問1 「対象」は「目当て・目的」の意味で、「読者対象」などと用いる。「対照」は「比べること」「彼我《ひが》の違いが明らかであること」の意味で、「言葉を対照して調べる」「対照的な性格の兄弟」などと用いる。「対称」は「釣り合いが取れていること」で、「左右対称の図形」などと用いる。

答え③

問2 特に、山道や石段を下るようなとき、膝《ひざ》の力が抜けてがくがくするようすを「笑う」という。

答え②

問3 漢字で書けば「潮時」で、「物事をするのに一番よい機会・チャンス」の意味。文脈によって「引き際（撤退するのによい機会）」「限界（見限るのによい機会）」の意味にもなるが、これらは語本来の意味ではない。

答え①

問4 「馬から落ちて落馬した」という表現に見られるのはどれですか。

［正答率55％］

① アナロジー
② トートロジー
③ アンソロジー

問5 敬語の使い方が正しいのはどれですか。

［正答率26％］

① かねがね父がおうわさしておりました。
② おうわさはかねがね父からうかがっております。
③ おうわさはかねがね父から承っております。

問6 「くわばら、くわばら」。恐ろしいことを避けるためのまじないです。この言葉に深く関係している歴史上の人物はだれですか。

［正答率42％］

① 弘法大師
② 菅原道真
③ 平清盛

答え&解説

問4 「トートロジー」は、意味の重なった言葉を用いること。「同語反復」「重言」などと訳し、一般には不適切な表現とされる。「アナロジー」は「類推」。「アンソロジー」は、詩文を選び集めた本のことで「詞華集《しかしゅう》」と訳す。 **答え②**

問5 ②・③の「父からうかがう」「父から承る」は、謙譲語ではあるが、ともに父に対する敬意を表してしまい使えない。「父から」を省略すれば、「うかがう」「承る」がうわさの対象である相手に対する敬意を表すことになるので可。 **答え①**

問6 藤原氏により菅原道真《すがわらのみちざね》が大宰府《だざいふ》に流されたのち、京都に多くの落雷があったが、道真の領地であった桑原にだけは落雷がなかったから、という説がある。ほかに落ちた雷神が「自分は桑の木が嫌いだ」と言ったから、という説もある。 **答え②**

問7 「意見を主張しあっておおいに議論を戦わす」という意味を表す言葉はどれですか。

① 喧々囂々
② 侃々諤々
③ 喧々諤々

［正答率36％］

問8 アリストテレスによれば、カタルシスとは何を見ることでもたらされるものですか。

① 悲劇
② 喜劇
③ 史劇

［正答率77％］

問9 語源が軍隊に関係のない言葉はどれですか。

① ベテラン
② レギュラー
③ ルーキー

［正答率47％］

問7 「侃々諤々《かんかんがくがく》」が正しい。「喧々囂々《けんけんごうごう》」は「口々にしゃべってうるさいようす」の意味で、マイナスイメージが強いのに対し、「侃々諤々」はプラスイメージをもって使われる言葉である。「喧々諤々」は、この二つを混同して誤用した言い方。これを採り上げている辞書もあるが、使わないほうが無難。

答え②

問8 カタルシスは「浄化」の意味。われわれは悲劇を見て涙することで、日頃は抑圧されているあわれみ、恐怖の念などを排泄し、心の中を清めるのだという。

答え①

問9 「ベテラン」は「古参兵」「退役軍人」、「ルーキー」は「新兵」のことで、そこから、スポーツをはじめとするいろいろな場面で用いられるようになった。

答え②

問10　漢字問題

すべて読めれば漢字名人！

罵詈雑言	独活	夏至	暇状
漸進	和布	鮑	妻わせる
未曽有	汗疹	薬罐	破落戸
悪寒	蝮	数珠	鑢
云々	鸚哥	蛞蝓	流鏑馬

答え＆解説

ばりぞうごん
ひどい悪口。

ぜんしん
徐々に進むこと。

みぞう
今までに一度もなかったこと。

おかん
具合が悪いときに起こる寒気。

うんぬん
後の言葉を略すときに使う言葉。

うど
光を遮って栽培するのが白いウド。葉が緑のものは山ウド。

わかめ
「若布」とも書く。活用範囲の広さはピカイチ。

あせも
「かんしん」とも読む。汗によって、皮膚が赤くなりかゆみを伴う。

まむし
毒蛇で、日本でも森林などに棲息《せいそく》するので要注意。

いんこ
実はかなり大形の種類もいる。鮮やかな色彩の種も。

げし
北半球では、一年で昼が最も長い日。

あわび
「鰒」「鮑」とも書く。貝の中では別格扱いされる高級食材。

やかん
「やくかん」が縮まって「やかん」に。もとは薬を煎じるためのもの。

じゅず
仏に祈るときに使う、玉を輪の形につないだもの。

なめくじ
塩をかけると縮んでしまうのは、体の中のほとんどが水分だから。

いとまじょう
近世、夫が妻と離縁するときに出した書状。

めあわせる
嫁入りさせる。「女合わせる」から。なんとストレートな表現。

ごろつき
「ならずもの」とも読む。定職をもたず、悪さばかりしている者。

やすり
鋼《はがね》に細かい刻みの切り刃を入れてある、研磨するための道具。

やぶさめ
疾走する馬に乗り、矢で的を射る行事。全国各地で行われている。

第15回　国語力判定テスト

問1　**（　）に入る言葉はどれですか。**　［正答率39％］

◎「（　）も老いては駑馬に劣る」

①　騏驎　②　猛虎

③　天馬

問2　**敬語の使い方が正しいのはどれですか。**　［正答率77％］

①　コーヒー、お茶、どちらにいたしますか。

②　コーヒー、お茶、どちらになされますか。

③　コーヒー、お茶、どちらになさいますか。

問3　**最も親密な友人関係をいうのはどれですか。**　［正答率29％］

①　管鮑の交わり

②　竹馬の友

③　魚心あれば水心

答え＆解説

問1　「騏驎《きりん》」は名馬、「駑馬《どば》」は駄馬。どんなに優れた人物でも、年老いては知力、体力ともに衰え、凡人にも及ばなくなってしまうということ。

答え①

問2　「いたす」は「する」の謙譲語。「なされる」は、「なさる」と「られる」が混ざった二重敬語（同じ種類の敬語、ここでは尊敬語）で、不適切な言い方とされる。「なさいますか」あるいは「されますか」のどちらかに直す。

答え③

問3　中国の春秋時代、斉《せい》の管仲《かんちゅう》と鮑叔牙《ほうしゅくが》が、互いに貧しい書生時代から終生変わらず利害や打算を超えて友情を保ちつづけた故事による。②の「竹馬《ちくば》の友」は、幼なじみ。③の「魚心《うおごころ》あれば水心《みずごころ》」は、相手が好意をもってくれればこちらも自然と好意をもつもの、ということ。

答え①

問4 「洛陽《らくよう》の紙価《しか》を高める」と形容される商品はどれですか。 ［正答率58％］

① 素晴らしい紙細工
② 評判のよい書物
③ 人気役者の色紙

□

問5 「臍《ほぞ》を噬《か》む」の「臍」とは何ですか。 ［正答率58％］

① へそ
② 唇
③ 爪

□

問6 インド人などがかぶる「ターバン」。語源と関連が深いものはどれですか。 ［正答率42％］

① エンジンの「タービン」
② 楽器の「チューバ」
③ 花の「チューリップ」

□

問4 中国・晋《しん》代の詩人・左思《さし》が著した「三都賦《さんとのふ》」が大評判となり、人々がこぞって書き写したため、洛陽では紙の値段が高騰した、という故事による。

答え②

問5 後悔しても及ばないことのたとえ。「後悔の臍《ほぞ》を噬《か》む」とも。自分のへそを噬もうとしても噬めないことから生まれた。これに対して「臍を固める」といえば、決心することを意味する。「臍」は単にへそだけでなく、決心、本心を意味する。

答え①

問6 「チューリップ」の語源はトルコ語で「ターバン《turban》」を意味する「トゥルバンド」。そう言われれば、両者の形に類似点が見つかるはず。ちなみに、チューバの語源はチューブと思いがちだが、本当はトランペットからきた言葉だとされている。

答え③

問7 漢字と読み方の組み合わせとして間違っているのはどれですか。

① 紫陽花――アジサイ
② 女郎花――ツバキ
③ 躑躅――ツツジ

［正答率74％］

問8 「杞憂《きゆう》」とは、もともとはどんな心配事だったでしょうか。

① 大地がひび割れるのではないか。
② 海が世界を飲み込むのではないか。
③ 天が崩れ落ちるのではないか。

［正答率67％］

問9 「白河夜舟《しらかわよふね》」と関係あるのはどれですか。

① 風流
② 睡眠
③ 泥棒

［正答率53％］

問7　「女郎花」は秋の七草の一つ「おみなえし」のこと。「ツバキ」は「椿」と書く。

答え②

問8　中国の周《しゅう》の時代、杞《き》の国の人が「天が崩れ落ちたらどうなるのか」と憂えた故事からできた言葉。将来についてあれこれといらぬ心配、取り越し苦労をすること。

答え③

問9　「白河夜舟《しらかわよふね》」は、京都見物をしたふりをする者が京都の白河のことを聞かれ、地名とは知らず川の名と勘違いして「夜舟で通ったが、寝ていたので知らない」と答えたという笑い話による言葉。熟睡していて何も知らないこと。

答え②

問10　漢字問題

すべて読めれば漢字名人！

平素	官吏	骨粗鬆症	更迭
流言蜚語	蜚蠊	水黽	叢書
百寿	盥	縞蛇	福音
小満	嬶天下	狒狒	合致
清明	蕃茄	九献	反古

答え＆解説

こうてつ
ある地位や役職にある人を代えること。

そうしょ
一連の書物。シリーズ本。

ふくいん
喜びを伝える手紙、知らせ。

がっち
ぴったり合うこと。

ほご
書き損じの紙。転じて、役に立たない物事。

こつそしょうしょう
骨がもろくなった状態。骨に鬆《す》(＝穴・すき間)が入ることから。

あめんぼ
「水馬」「飴坊」とも書く。飴に似たにおいがすることから。

しまへび
四本の縦縞がある。毒はないので、山道で遭遇しても安心。

ひひ
鼻から口が出っぱり、独特の顔つきをしている。

くこん
三三九度のこと。神前結婚式でのクライマックス。

かんり
役人。

ごきぶり
とにかく強い。なかなか退治はできない。

たらい
洗面器よりも大型の器。昔は洗濯などに利用された。

かかあでんか
妻が夫よりも権力をもっている夫婦。

ばんか
トマトのこと。

へいそ
「普段」の改まった言い方。「平素よりお世話になり……」。

りゅうげんひご
根拠のない噂。デマ。訳のわからない言われ方。

ももじゅ
百歳。「ひゃくじゅ」とも読む。

しょうまん
五月二十一日頃。草木が成長して地に満ち始める頃。

せいめい
四月五日頃。この頃は万物が生き生きと輝いて見えることから。

第16回　国語力判定テスト

問1　次の俳句の作者はだれですか。

◎「柿くへば鐘が鳴るなり法隆寺」

①　正岡子規　②　高浜虚子

③　中村草田男

［正答率78％］

問2　顔の「鼻」の形からできた象形文字はどれですか。

①　穴

②　自

③　息

［正答率15％］

問3　「けんもほろろ」と関係のある鳥はどれですか。

①　燕

②　ほろほろ鳥

③　雉

［正答率62％］

答え&解説

問1　「柿くへば鐘が鳴るなり法隆寺」は正岡子規《まさおかしき》の句。明治二十八年秋に、奈良で詠んだ句。季語は「柿」。柿という庶民的な食べ物と法隆寺の鐘の荘厳な響きが調和しているところに妙がある。
答え①

問2　鼻の形からできたのが「鼻」ではないというところが面白い。元来「自」が鼻の意味だったが、次第に「おのれ・みずから」の意味で用いられるようになったので、突き出ている意味を表す「畀《ひ》」を加えて「鼻」という漢字が作られた。
答え②

問3　「けん」も「ほろろ」もともに雉《きじ》の鳴き声からきている。無愛想に、人の相談などを拒絶するようすをいう。鳴き声の「けん」に情け心のない意味の「慳貪《けんどん》」をかけたのでは、とする説がある。
答え③

問4 （　）に同じ漢字が入る四字熟語の組み合わせはどれですか。

① 無我（　）中——（　）理難題
② 五里（　）中——雲散（　）消
③ 無念（　）想——酔生（　）死

［正答率72％］

問5 「鼻薬を嗅《か》がせる」の意味はどれですか。

① 泣ける話をする
② おだてて気をよくさせる
③ 賄賂を贈る

［正答率56％］

問6 まんまとだまされたの「まんま」の本来の意味はどれでしょう。

① 「飯（まま）」の意。飯を食い逃げされたことから。
② 「うまうまと」の意。うまくだまされたことから。
③ 「まあまあ」の意。まあ大丈夫だろうと油断してだまされたことから。

［正答率25％］

問4 順に、「無我夢中・無理難題」、「五里霧中・雲散霧消《うんさんむしょう》」、「無念無想・酔生夢死《すいせいむし》」と書く。「雲散霧消」は、雲や霧が消えるように跡形もなくなること。「酔生夢死」は、くだらない一生のたとえ。

答え②

問5 「鼻薬《はなぐすり》」とは、少額の賄賂《わいろ》のこと。

答え③

問6 「うまうまと」は物事を巧みなやり方で、自分の思いどおりに進めるようす。物事を上手に行うようす。

答え②

問7 ハックションの「くしゃみ」。語源となったとされる言葉はどれですか。

① 三味線
② 臭味《くさみ》
③ 糞食《くそは》め

［正答率26％］

問8 次の三つの「片」の使い方のうち一つだけ意味が違うのはどれですか。

① 片隅
② 片時
③ 片田舎

［正答率59％］

問9 「幽明境を異にする」の意味はどれですか。

① 肉親と生き別れること
② 死んであの世へ行くこと
③ 夜になって明かりを灯すこと

［正答率64％］

問7 くしゃみのもとの形は「くさめ」。さらにその語源をたどれば「くそはめ」である。「くそくらえ」と同じように、接頭語「くそ」を付けた罵倒《ばとう》の言葉。くしゃみが出たときに、それを止めるまじないとして罵倒語の「くそはめ」と言ったのが起源とされる。また、同じまじないでも、「休息命（クソクミョウ）」を早口で言ったものとの説もある。

答え③

問8 「片隅」と「片田舎」の「片」は一方に偏《かたよ》り、中心部から離れているという意味。「片時」の「片」はわずかという意味で、片時はわずかの間ということ。「あなたのことは片時も忘れたことがない」などと使う。

答え②

問9 「幽」は死、「明」は生を表す。「幽明境《ゆうめいさかい》を異《こと》にする」は、死に別れることをいう。

答え②

問10　漢字問題

すべて読めれば漢字名人！

市井	手斧	鮎魚女	一汁一菜
生憎	蓑虫	茶匙	志学
古文書	朱鷺	皸	餞別
泥酔	御内儀	浅葱	鑑みる
万雷	瘢痕	扁桃	雨水

答え&解説

しせい
町なか。ちまた。

あいにく
都合の悪いさま。

こもんじょ
古い文書。

でいすい
ひどく酔っ払っている状態。

ばんらい
連続的に鳴る雷。大きな音。

ちょうな
「ておの」の音から転じた。柄《え》が鍬《くわ》のように曲がっている。

みのむし
小枝や葉を貼り合わせて作った巣はなかなか独創的。

とき
「鴇」とも書く。翼などが淡紅色なので、「桃花鳥」という表記も。

おかみ
「おないぎ」とも読む。他人の妻のこと。奥さん。

はんこん
傷が治った後にできる傷あと。

あいなめ
「鮎並」とも書く。白身で、やわらかい肉質。

ちゃさじ
紅茶やコーヒーを飲むときに使う小さいさじ。

ひび
「あかぎれ」「しもやけ」とともに、冬になると悩まされる人も多いのでは。

あさつき
葱《ねぎ》によく似ている。色の名前の「あさぎ」も同じ字。

へんとう
「アーモンド」の別名。扁桃腺は、まさにアーモンドにそっくり。

いちじゅういっさい
汁とおかずが一品ずつだけの食事。「ひとしるひとな」は×。

しがく
十五歳。孔子《こうし》がこの年齢に学問を志したことから。

せんべつ
会社の知人が、昇進したり転勤したりするときに贈る。旅行する人にも。

かんがみる
諸事情を考え合わせて判断する。

うすい
二月十九日頃。雪や氷が解けて天に上がり、それが雨になって降ってくる。

第17回　国語力判定テスト

問1 「ずにのる」を漢字で書くとどうなりますか。　［正答率59％］

① 頭に乗る
② 途に乗る
③ 図に乗る

問2 上の言葉について形容するとき、下の言葉が使えるのはどれですか。　［正答率70％］

① 建物——古色蒼然
② 勝負——二束三文
③ 容姿——八方美人

問3 叱られてしょげているようすをいうのはどれですか。　［正答率61％］

① ぬかにくぎ
② 暗がりの牛
③ 青菜に塩

答え&解説

問1　現在は悪い意味で使われる言葉だが、もともとはいい意味の言葉だった。インドから日本に伝わった仏教的な歌謡（「声明《しょうみょう》」という）の楽譜を「図」といい、上手に「声明」を唄《うた》うことを「図に乗る」といった。ちなみに、「調子に乗る」というのも、本来は「リズムに乗る」といういい意味の言葉であった。　**答え③**

問2　①の「古色蒼然《こしょくそうぜん》」はいかにも古びて見えるようす。②の「二束三文」は値段が非常に安いたとえ。③の「八方美人」はだれからも悪く思われないように、要領よく人と付き合っていく人のこと。　**答え①**

問3　青菜に塩をかけると、水気が外に逃げてしおれるさまから。①の「ぬかにくぎ」は、何をしても手ごたえ、効果がないこと。②の「暗がりの牛」は、物の判別がつきにくいことをいう。　**答え③**

問4 「ホトトギス」と読まない組み合わせはどれですか。

① 不如帰・時鳥
② 子規・郭公
③ 乙鳥・玄鳥

［正答率54％］

□

問5 長寿のお祝い。最も年長のお祝いはどれですか。

① 喜寿
② 米寿
③ 卒寿

［正答率47％］

□

問6 釈迦《しゃか》の言葉と伝えられている四字熟語はどれですか。

① 無為自然
② 唯我独尊
③ 和光同塵

［正答率63％］

□

問4　①・②にあげた四つは、いずれも「ホトトギス」と読む。「不如帰」は徳富《とくとみ》蘆花《ろか》の小説の題名、「子規」は俳人正岡子規《まさおかしき》の号として知られている。③はいずれもツバメの漢字表記。　**答え③**

問5　それぞれ「喜」「米」「卒」の字（または略字）に基づいており、「喜寿」は七十七歳、「米寿」は八十八歳、「卒寿」は九十歳のお祝いである。　**答え③**

問6　②の「唯我独尊《ゆいがどくそん》」は、上に「天上天下《てんげ》」と付き、この世で自分に優る者はいない、の意味。釈迦が誕生したときに言った言葉とされる。①・③はいずれも老子の思想。①の「無為自然《むいしぜん》」は一切の人為を否定し自然のままにまかすこと。③の「和光同塵《わこうどうじん》」は才知の輝きを隠して俗世間と交わること。　**答え②**

問7 季語とその本来の季節の組み合わせとして間違っているのはどれですか。

［正答率36％］

① 雪残る――春
② 甘酒――冬
③ 麦秋――夏

問8 手紙で「追伸」を書いてよい場合はどれですか。

［正答率45％］

① 慶弔の手紙
② 目上の人に出す手紙
③ 社用で出す手紙

問9 （ ）に「青」という字が入るのはどれですか。

［正答率67％］

① くちばしが（ ）い
② 尻が（ ）い
③ 隣の花は（ ）い

問7 「甘酒」はいかにも冬の飲み物のようだが、昔は夏によく売られていた。熱いのを一杯やると暑気も涼しく感じられる、と古人は考えたようだ。そのため、「甘酒」は本来夏の季語。ただし、現在では冬の季語として用いることもある。

答え②

問8 「追伸」は「付け足す→繰り返す」の意味をもつ忌《い》み詞《ことば》。結婚にしろ葬式にしろ、繰り返したくはないものである。また、一般に追伸を書くのは好ましくないとされているので、初めに下書きをし、追伸なしの手紙を書くように心掛けたいものだ。

答え③

問9 幼児の尻が青いことから、まだ一人前でないさま。①は「くちばしが黄色い」で、②の類句。鳥のひなのくちばしが黄色いことから、年若い未熟者を嘲《あざけ》る言葉。③は「隣の花は赤い」で、人のものは何でもよく見える、という意味。

答え②

問10　漢字問題

すべて読めれば漢字名人！

庫裏	蜻蛉	卓子	懇書
元帥	尺取虫	令閨	悲憤慷慨
駆逐	騾馬	竜髭菜	丁年
一矢	蟒蛇	甘藷	御供物
鮨	時下	痘痕	啓蟄

答え&解説

くり
寺の台所。または、住職やその家族が住む場所。

げんすい
軍人の最も高い地位。

くちく
追い払うこと。

いっし
一本の矢。

わかさぎ
「公魚」とも書く。冬、凍結した湖に穴を開けて釣る。

とんぼ
「蜻蜓」とも書く。害虫を捕食するので、益虫《えきちゅう》とされている。

しゃくとりむし
指で長さを測るときのような動きは、ある意味滑稽。

らば
お父さんがロバで、お母さんが馬の交雑種。力仕事が得意。

うわばみ
巨大な蛇のこと。大酒飲みの人を指していうことも。

じか
「この頃」の意。「時下益々ご清栄のこととお喜び申し上げます」。

てーぶる
「たくし」とも。「卓球は英語では「テーブルテニス」という。

れいけい
他人の妻を敬って言う言葉。

あすぱらがす
土寄せをし、日が当たらないように栽培するのがホワイトアスパラ。

かんしょ
「甘蔗《かんしょ》」と音は同じでも、こちらはサツマイモの別名。

あばた
天然痘にかかって、治った後に残ったくぼみのこと。

こんしょ
懇切丁寧な手紙。または、相手の手紙を敬って言う言葉。

ひふんこうがい
世の中や自分の運命などに対し、悲しみ、憤《いきどお》ること。

ていねん
満二十歳。一人前の人間ということ。「定年」ではないので注意。

おくもつ
仏式・神式の葬儀の供え物など。「御供《おそなえ》」という表書も。

けいちつ
三月六日頃。暖かくなって冬眠していた虫が土の中から出てくる。

第18回　国語力判定テスト

問1 （　）に入る言葉はどれですか。　［正答率24％］

◎「百里を行く者は（　）里を半ばとす」

① 九十九　② 九十

③ 八十

□

問2 「五月晴れ」の本来の意味はどれですか。　［正答率34％］

① 梅雨の時期の晴れ間

② 旧暦十月頃の暖かな日

③ 新暦五月頃の澄みきった青空

□

問3 世間知らずの人間を意味する「おぼこ」。どの魚の幼名ですか。　［正答率49％］

① スズキ

② ボラ

③ ブリ

□

答え&解説

問1　原文ではこの句の後に「此《こ》れ末路《まつろ》の難《かた》きを言うなり」とある。何事も終わりまで後少しのところで油断して失敗しやすいので、最後まで気をゆるめてはいけない、といういましめ。出典は「戦国策《せんごくさく》」。　**答え②**

問2　「五月晴《さつきば》れ」は、旧暦五月に降る「五月雨《さみだれ》」の合間に現れる晴れ間のこと。旧暦五月に降る「五月雨」とは、いわゆる「梅雨《つゆ》」のことであり、①が正解。ただし、現在では「新暦五月の行楽シーズンの晴れ」という意味も受け入れられつつある。なお、②は「小春《こはる》(日和《びより》)」のことを述べたもの。　**答え①**

問3　成長するにつれて名前を変える魚を出世魚という。一方でボラの幼魚を、他方で年若い世間知らずの娘のことを「おぼこ」と呼ぶようになった。ボラの最後の名が「とど」。そこから「とどのつまり」という言葉が生まれたといわれるが、「とどのつめ」のなまりという説もある。　**答え②**

問4 「目くそ鼻くそを笑う」の意味はどれですか。

①　ちっぽけでつまらないことだと言って笑う。
②　自分の欠点を棚に上げ、他人の欠点を笑う。
③　人のあら探しをしては笑う。

［正答率65％］

問5 誤字を含まない四字熟語の組み合わせはどれですか。

①　興味深々・言語道断・一日千秋
②　不即不離・二束三文・傍若無人
③　同工異曲・付和雷同・一朝一石

［正答率66％］

問6 二つの言葉に関連があるのはどれですか。

①　宝くじ――一騎当千
②　収穫――海千山千
③　結婚――月下氷人

［正答率44％］

問4 「目くそ」が主語。目くそが鼻くそを汚いといってあざわらう、の意から。

答え②

問5 ①は「興味深々」が間違い。正しくは「興味津々《しんしん》」。「津々」は、たえず流れ出て尽きないようす。③は「一朝一石」が間違いで、正しくは「一朝一夕《いっちょういっせき》」。「二つの朝と夕」で「短い間」のたとえ、と覚えれば間違えないだろう。

答え②

問6 ③の「月下氷人《げっかひょうじん》」は男女の縁結びをする人で、仲人《なこうど》をいう。①の「一騎当千《いっきとうせん》」は、一人で千人を打ち破れるほど強いことで宝くじとは関係ない。②の「海千山千《うみせんやません》」は、経験豊富で世の中の裏まで知り尽くした、一筋縄《ひとすじなわ》ではいかない人物のことで、収穫とは関係ない。

答え③

問7　（　）に当てはまる漢字はどれですか。

◎「入院した友人の病状は（　）に向かっている」

①　解放
②　介抱
③　快方

［正答率78％］

□

問8　言葉を正しく用いている文はどれですか。

①　彼の主張は的を得ていたので、皆納得させられた。
②　あなたの批判は当を射ており、一言もありません。
③　新入社員ながら当を得た企画書を書くじゃないか。

［正答率42％］

□

問9　「こっぱみじん」の「こっぱ」を漢字で書くとどうなりますか。

①　木葉
②　木端
③　木破

［正答率55％］

□

問7 「快方」は「よい傾向」という意味。「解放」は「解き放つ」という意味で、「介抱」は「病人やけが人の面倒を見る」ことを意味する。
答え③

問8 「的《まと》を射る＝要点をとらえる」、「当《とう》を得る＝理にかなっている」が正しい。「的を得る」「当を射る」という言い方は、二つの混用で、間違った言い方である。
答え③

問9 「木端」は「木っ端」とも書くが、本来は斧《おの》などで木を削ったときに出る木《き》屑《くず》を意味する言葉。そこから転じて「小さなもの」や「取るに足らないもの」を意味するようになった。「取るに足らないもの」という意味での用例には、時代劇で聞く「木っ端侍《ざむらい》」や「木っ端役人」などがある。
答え②

問10　漢字問題

すべて読めれば漢字名人！

亡者	八頭	御無沙汰	後妻
祝詞	膿瘍	鮃	御芳志
無聊	飛蝗	浮子	苛斂誅求
鹿尾菜	木菟	再従兄弟	珍寿
玄人	波布	茘枝	小晦日

答え＆解説

もうじゃ
金銭などの欲にとりつかれている人。

やつがしら
里芋の一品種。お正月のお煮しめには欠かせない食材。

ごぶさた
「沙汰」は「便り」の意。しばらく会わないこと。

うわなり
「ごさい(こうさい)」「あとめ」とも読む。後に迎えた妻。

のりと
神道で神官が読み上げる文章。「しゅくし」とも読む。

のうよう
膿《うみ》がたまった状態のこと。

ひらめ
「かれい」とは逆に、左側に顔があるのが「ひらめ」。

ごほうし
「相手の心遣い」を敬って言う言葉。

ぶりょう
何もすることがなく、退屈なこと。

ばった
「蝗虫」「蝗」とも書き、バッタ類の総称。

うき
当たりを知るために釣り糸に付ける目印。いろんな種類がある。

かれんちゅうきゅう
容赦なく取り立てること。特に税金など。

ひじき
はるか昔から、日本のおふくろの味。

みみずく
フクロウの仲間だが、耳のように見える飾り羽根がある。

またいとこ
「はとこ」とも。父母のいとこの子ども。

ちんじゅ
百十歳以上など諸説あり。これ以上生きるのは珍しいことから。

くろうと
プロ。専門家。

はぶ
「飯匙倩」とも書く。ハブ酒は、奄美、沖縄地方の特産品。

らいち
「れいし」とも読む。楊貴妃《ようきひ》の好物としても有名。

こつごもり
大晦日《おおみそか》の前日。

国語常識10問テスト③ 同音・同訓異義語

／100

平均点 60点

■次の太字の漢字を選びましょう。（1問10点）

問1 全力を**あげる**。
㋐ 挙　㋑ 揚　㋒ 上

問2 出動の**たいせい**を整える。
㋐ 体制　㋑ 体勢　㋒ 態勢

問3 彼は商売が**かたい**。
㋐ 固　㋑ 硬　㋒ 堅

問4 西部戦線**いじょう**なし。
㋐ 以上　㋑ 異常　㋒ 異状

問5 経理課に**いどう**になった。
㋐ 移動　㋑ 異動　㋒ 異同

問6 ついに縁談が**ととの**った。
㋐ 整　㋑ 調　㋒ 斉

問7 卒業**せいさく**の絵画。
㋐ 制作　㋑ 製作　㋒ 成作

問8 少しは**まわり**を気にしろよ。
㋐ 回　㋑ 囲　㋒ 周

問9 アンケートに**かいとう**する。
㋐ 解答　㋑ 快刀　㋒ 回答

問10 バイト代を食費に**あて**る。
㋐ 当　㋑ 宛　㋒ 充

答え＆解説

答えの下の数字は、それぞれの正答率です。

問1 ㋐ 70％
「挙げる」には「すべてを出し尽くす」という意味がある。

問2 ㋒ 47％
㋐は「持続的な組織」だが、㋒は「一時的な準備」に過ぎない。

問3 ㋒ 59％
「確実」「堅実」の意味は㋒。

問4 ㋒ 51％
「平常ではない状態」。㋑は「正常ではない」という意味。

問5 ㋑ 74％
「人事異動」というときの「いどう」。

問6 ㋑ 42％
「とりまとめる」の意なら「調う」。「整う」は「きちんとする」の意。

問7 ㋐ 56％
芸術・文芸作品には㋐を、工業製品には㋑を用いるのが一般的。

問8 ㋒ 67％
「周囲」という意味の「まわり」。

問9 ㋒ 68％
「回答」は「要求や質問に対する答え」。「解答」は「問題に対する答え」を意味する。

問10 ㋒ 61％
「充当」という意味。

第19回　国語力判定テスト

問1 「光陰矢のごとし」の「光陰」の意味はどれですか。　［正答率83％］

① 太陽
② 宇宙
③ 時間

□

問2 次の副詞のうちで、漢語を語源としているのはどれですか。　［正答率36％］

① ようやく
② せっかく
③ しばらく

□

問3 「人間到る処青山あり」の「青山」とは何ですか。　［正答率28％］

① 墓
② 安寧の地
③ 仕事

□

答え&解説

問1　光陰は光と陰、つまり時間、月日、年月を指す。月日のたつのが早いことのたとえ。ちなみに「一寸の光陰軽んずべからず」は、わずかな時間でも無駄に過ごしてはいけないという意味。

答え③

問2　順に「漸く」「折角」「暫く」と書く。送り仮名からもわかるように、①と③は和語。それに対して「折角」は漢語で、「雨にぬれて帽子の角が曲がってしまった人がいた。それを真似てわざと帽子の角を折ってかぶる人が増えた。ここから『わざわざすること』を『折角』というようになった」という故事に基づく。

答え②

問3　「青山《せいざん》」は木々の茂った山。これを骨を埋めるところと歌った詩を踏まえて「人間到《いた》る処《ところ》青山あり」と僧の釈月性《しゃくげつしょう》が遺した。解釈は「だから外へ出て活躍の場を広げるべきだ」となる。

答え①

問4 （　）に入る言葉はどれですか。　［正答率74％］

◎「（　）を衒《てら》う」

① 機
② 奇
③ 気

□

問5 「満をじす」の「じ」はどう書きますか。　［正答率50％］

① 侍
② 待
③ 持

□

問6 「江戸の敵を長崎で討つ」とは、どんな意味ですか。　［正答率48％］

① 遠くまで出かけていって思いを果たす。
② まったく関係のないところで仕返しをする。
③ 昔受けた仕打ちを長い年月がたってから仕返しする。

□

答え＆解説

問4　「奇を衒《てら》う」は変わったことをしてみせること、また変わったことをして目立とうとすること。「奇」はここでは、思いがけないこと。「衒う」は見せびらかす、ひけらかす、売り込む、の意味。　答え②

問5　「満」は、いっぱいに引きしぼった弓、「持す」は、しっかりと持つこと、を意味する。弓を引きしぼって敵を迎え撃つことから、用意周到の意味。出典は「史記《しき》」。　答え③

問6　「江戸」と「長崎」は「遠く離れたところ」を意味する比喩。「江戸の敵《かたき》を長崎で討つ」は、なんの関係もないところで仕返しをする意味。　答え②

問7 **「埒が明かない」の「埒」のもとの意味はどれですか。**

［正答率49％］

① 冬至の日の夜明け
② 心の中にある恨みやわだかまり
③ 馬場の周囲に巡らされた柵

□

問8 **政治家の言葉でよく聞く「遺憾」。正しい意味はどれですか。**

［正答率64％］

① 残念なこと
② 責任を認めること
③ 申し訳なく思っていること

□

問9 **「人を呪わば穴二つ」の「穴」の意味はどれですか。**

［正答率60％］

① 穴場
② 墓穴
③ 落とし穴

□

問7 「埒《らち》」は馬場の周囲に巡らされた柵《さく》のこと。「埒が明く」で片付く、はかどる、終わる、となる。「埒もない」は、乱雑で、順序が立たないこと。「不埒《ふらち》」はふとどきなこと。「埒外《らちがい》」は範囲外。
答え③

問8 「憾《かん》を遺《のこ》す」＝心残りであること。ちなみに、陳謝《ちんしゃ》を求められた政治家が「まことに遺憾《いかん》に存じます」などと答弁する場面の「遺憾」には、責任を認めたような認めていないような、玉虫色《たまむしいろ》的なニュアンスがありそうだ。
答え①

問9 他人を呪《のろ》い殺そうとして墓穴を掘れば、その報《むく》いで自分が埋められる墓穴も掘らなければならなくなる。他人に害を及ぼそうとすると、自分にも及んでくるという意味。
答え②

問10 漢字問題

すべて読めれば漢字名人！

御大	凸凹	香具師	鼈	鰡
瓢虫	椿象	抹香鯨	妻敵	寸書
賽子	荊妻	芥子菜	沈菜	逆睫
隔靴掻痒	片言隻語	大祓	御回向料	白露

おんたい
団体などの主要人物を親しみをこめて呼ぶ言葉。

てんとうむし
「天道虫」「紅娘」とも書く。テントウムシ科の昆虫の総称。

さいころ
「骰子」とも書く。向かい合う面の数字を足すと、それぞれ7になる。

かっかそうよう
かゆいところを靴の上からかいているような、もどかしい状態。

でこぼこ・とつおう
「おうとつ」なら「凹凸」となる。

かめむし
「亀虫」とも書く。なんとも強烈な臭いを放つ虫。種によっては美しい模様も。

けいさい
自分の妻をへりくだって言う言葉。

へんげんせきご
ほんのちょっとの言葉。

やし
祭りなどに露店を出して商売をする人。

まっこうくじら
海にすむ哺乳類。雄の体長はなんと十八メートルにも達する！

からしな
「葉がらし」とも呼ばれる。読んで字のごとく、独特の辛味がある。

おおはらえ
六月と十二月の晦日《みそか》に罪や穢《けが》れをお祓いする。おおはらい。

すっぽん
中国では漢方薬として使われる。美容によいことでも知られる。

めがたき
「女敵」とも書く。自分の妻と通じた男のこと。

きむち
朝鮮語で「野菜を漬けたもの」という意味だそうだ。

ごえこうりょう
「御布施《おふせ》」と同じ。「回向」は、仏事を行って死者を供養すること。

ぼら
成長すると名前が変わる出世魚。地方により、様々な呼び方がある。

すんしょ
自分の手紙をへりくだって言う言葉。

さかさまつげ
眼球のほうに向かって生えてくる睫《まつげ》。

はくろ
九月七日頃。屋外の空気が冷えて、草木に白い露が降りる。

第20回　国語力判定テスト

問1　「秘すれば花」と言ったのはだれですか。　［正答率64％］

① 宗祇《そうぎ》
② 井原西鶴《いはらさいかく》
③ 世阿弥《ぜあみ》

問2　「鬼の霍乱」の「霍乱」とは何ですか。　［正答率39％］

① 心臓発作
② 日射病
③ てんかん

問3　「混乱をおさめる」という意味の熟語はどれですか。　［正答率89％］

① 収集
② 修習
③ 収拾

答え&解説

問1　「秘すれば花」は、世阿弥の能楽論の秘伝書「風姿花伝《ふうしかでん》」の有名な一節で、芸能上の花、すなわち、能が観客に与える感動のありかについて、「秘すれば花なり、秘せずば花なるべからず」とその奥義を説いた。　**答え③**

問2　「鬼の霍乱《かくらん》」とは、普段健康そのものの人が珍しく病気になること。「霍乱」とは、日射病や暑気当たりをいう。　**答え②**

問3　①の「収集」は集めること。②の「修習」は習い修めること。　**答え③**

問4　「綺羅星」を本来の意味で正しく用いているのはどれですか。

［正答率34％］

① 綺羅星のごときスターになれるのはほんの一握りだ。
② 私の同級には、秀才が綺羅星のごとくそろっていた。
③ かの作曲家は生涯に綺羅星のごとき名曲の数々を生んだ。

□

問5　「サラダ」と「サラリー」に共通する語源はどれですか。

［正答率63％］

① 塩
② 金
③ 食料

□

問6　（　）に「氷解」を入れて意味が通じるのはどれですか。

［正答率74％］

① 緊張した場の雰囲気が（　）した。
② かねてから抱いていた疑問が（　）した。
③ 質実剛健の気風がすっかり（　）してしまった。

□

問4 「綺羅星《きらぼし》」の「綺」は「綾織《あやおり》の絹《きぬ》」、「羅」は「薄絹《うすぎぬ》」のこと。転じて「綺羅」で「綾織の絹や薄絹をまとった立派な人」を表す。よって、本来は「綺羅、星のごとく～」で「立派な人が、星のようにたくさん～」の意味を表す。これを「星のようにキラキラ輝く」の意味に用いるのは誤りである。 答え②

問5 両方の言葉に共通しているsalが塩（salt）を意味している。サラダは「塩味の野菜」、サラリーは「塩の金」がその語源。「塩の金」というのは、古代ローマ時代に、兵士に塩を給料の代わりに払ったことから。 答え①

問6 「氷解する」は「とけてなくなる」の意味で「疑問・わだかまり・敵意」など、「氷」にたとえられるような、凝り固まった内容をもつものに限られる。また、③のように悪い意味には用いないのが一般的である。 答え②

問7 **敬語の使い方が正しいのはどれですか。**　[正答率91%]

① お元気でございますか。
② お元気でいらっしゃいますか。
③ お元気でいらっしゃられますか。

□

問8 **「千載一遇」の「載」と同じ意味の漢字はどれですか。**　[正答率69%]

① 裁
② 歳
③ 幸

□

問9 **（　）にほかと異なる漢字が入る慣用句はどれですか。**　[正答率75%]

① 目から（　）に抜ける
② 死んで（　）実が咲くものか
③ （　）であしらう

□

問7 「ございます」は「ある」の丁寧語であり、①のように尊敬語を用いるべきところには使えない。③の「いらっしゃられ」は二重の敬語である。答え②

問8 「千載一遇《せんざいいちぐう》」は、千年に一度しか会えないほどの、めったにない好機。答え②

問9 ①は「目から鼻に抜ける」で、「非常に利発なようす」を表す。語源は定かでない。②は、「死んで花実が咲くものか」で、「生きていてこそいいこともある」の意味。「花実」を「花見」と書かないこと。③の「鼻であしらう」は「冷淡な態度をとるようす」を表す。答え②

問10　漢字問題

すべて読めれば漢字名人！

氈鹿	竹篦	譫妄	小兵
不一	鏝	胡蜂	失墜
軽佻浮薄	娵	茶毒蛾	杵柄
御榊料	唐黍	竹節虫	鯑
三隣亡	実芭蕉	海象	鯱

答え&解説

こひょう
体つきが小さいこと。

しっつい
信用・権威などが落ちること。

きねづか
餅《もち》をつく道具。

かずのこ
鰊《にしん》の卵。「数の子」とも書く。「鰊《かど》の子」を語源とする説も。

ほっけ
干物にすると美味。居酒屋の人気メニュー。

せんもう
興奮してうわごとを言ったりする意識障害の一種。

すずめばち
「雀蜂」とも書く。オオスズメバチは、日本で最大の蜂。刺されると死ぬことも。

ちゃどくが
毒針に触れると強いアレルギー症状が出ることがある。

ななふし
「七節」とも書く。読んで字のごとく、節のある竹の枝のような姿をしている。

せいうち
体長三メートル以上、体重は三トンに達するものも。堂々たる体格。

しっぺい
座禅の際、僧が持つ竹の杖。しっぺ返しの「しっぺ」はここからの転。

こて
壁を平らに塗るためのものや、髪の毛にウエーブをつけるものなど。

よめ
息子の妻のこと。嫁と同じ。

とうきび
「トウモロコシ」の別名。北海道のものは有名。

ばなな
カロリーが豊富で、調理用・デザート用ともに利用される。

かもしか
「羚羊」とも書く。「ニホンカモシカ」は特別天然記念物。

ふいつ
結語の一つ。「まだまだ書きたいのですが」という意味。

けいちょうふはく
浮わついたようすで、軽々しいこと。そう言われないようにしたいもの。

おさかきりょう
榊《さかき》は、文字どおり神に供える木。神式の葬儀に使う。

さんりんぼう
この日に家を建てると火事が起き、三軒隣まで焼き尽くすという忌日《いみび》。

第21回　国語力判定テスト

問1 「支配する」という意味の「ぎゅうじる」。漢字で表すとどれですか。

① 牛仕る
② 牛耳る
③ 牛似る

［正答率89％］

問2 「板につく」という慣用句。もとはどの業界の言葉ですか。

① 大工
② 相撲
③ 役者

［正答率64％］

問3 同じ意味の語の組み合わせはどれですか。

① 夜郎自大――井の中の蛙《かわず》大海を知らず
② 電光石火――目から鼻へ抜ける
③ 暴虎馮河――短気は損気

［正答率45％］

問1　もとは「牛耳を執《と》る」。昔、中国で諸侯《しょこう》が盟約を結ぶとき、盟主が牛の耳を裂き、その血をすすって誓いを立て合った、という故事からできた言葉。それがいかにも和語のように使われるようになったわけである。出典は「春秋左氏伝《しゅんじゅうさしでん》」。　**答え②**

問2　この場合の「板」は舞台のこと。役者も新入りのうちは、足が地につかずぎこちないが、経験を重ねるうちに所作や演技もしっかりしたものになっていく。そのようになっていくことを「板につく」といったことからきた言葉。　**答え③**

問3　①の「夜郎自大《やろうじだい》」は、世間知らずなまま、いばりちらすこと。漢代に、漢の強大さを知らずに自らの勢力を誇っていた夜郎という部族の故事による。②の「電光石火《でんこうせっか》」は行動などがきわめて素早いこと。③の「暴虎馮河《ぼうこひょうが》」は素手で虎に立ち向かったり徒歩で黄河を渡ろうとするような無謀な行い。　**答え①**

問4 「梁山泊」の意味はどれですか。

① 敵対する者たちが膝を寄せ合う船
② 野心家、豪傑が集まるところ
③ 夜行性の動物が出没する沼地

［正答率81％］

問5 夏の季語はどれですか。

① 鯉のぼり
② 七夕
③ 残暑

［正答率25％］

問6 言葉の使い方としてふさわしいのはどれですか。

① 磐石の備えの城塞だ。
② 断末魔に出会う。
③ 試金石を掘り出す。

［正答率72％］

問4 梁山泊《りょうざんぱく》は中国の山東省《さんとうしょう》西部の梁山のふもとの沼沢《しょうたく》。盗賊《とうぞく》が砦《とりで》を結んだとされる。そこから野心家などが集まる場所をたとえていう。出典は「水滸伝《すいこでん》」。

答え②

問5 俳句の夏は旧暦四〜六月。五月の節句の「鯉のぼり」が夏の季語。「七夕」は旧暦の七月七日の行事。つまり秋の季語である。「残暑」も秋の季語。

答え①

問6 ①の「磐石《ばんじゃく》の備《そな》え」は「不動の（ゆるぎない）備え」の意。②の「断末魔《だんまつま》」は死に際の苦痛のことで、魔物をいうのではない。③の「試金石《しきんせき》」はものの価値や人の力量などを判定する材料となる物事のことで、掘り出せるものではない。

答え①

問7 （　）に入る言葉はどれですか。　［正答率64％］

◎「（　）貧洗うが如し」

① 清
② 赤
③ 朗

□

問8 ことわざの使い方が正しいのはどれですか。　［正答率57％］

① 枯木も山のにぎわいだし、ぜひ遊びに来てください。
② さすがあなた方の息子さん、やっぱり蛙《かえる》の子は蛙ね。
③ 私たち夫婦なんて、割れ鍋《なべ》に綴《と》じ蓋《ぶた》ですよ。

□

問9 「紅一点」とは、もともと何のことですか。　［正答率58％］

① 赤い星
② 赤い石
③ 赤い花

□

問7 「赤貧《せきひん》」とは極貧《ごくひん》のこと。「赤」は、「赤裸々」のようにむきだし、丸裸という意味。「赤貧洗うが如し」は、まるで洗い流したかのように物が何もないことから。「清貧《せいひん》」は、「清貧に甘んじる」などと用い、行いがよく、私欲がないために貧乏であること。
答え②

問8 ③の「割れ鍋《なべ》に綴《と》じ蓋《ぶた》」は、割れた鍋にもぴったり合う修繕済みの蓋があるように、どんな人にもふさわしい配偶者がいるというたとえ。①の「枯木も山のにぎわい」は、つまらないものでもないよりはまし、の意。②の「蛙《かえる》の子は蛙」は、凡人の子はやっぱり凡人、ということ。いずれも、他人に対して使うのは失礼。
答え③

問9 王安石《おうあんせき》の詩の一節「万緑叢中紅一点《ばんりょくそうちゅうこういってん》」による。一面緑の草むらの中に咲いた一群れの赤い花、の意。
答え③

問10　漢字問題

すべて読めれば漢字名人！

女婿	建立	寄席	逼迫
野暮	困憊	終焉	梗概
猪突猛進	雑炊	攪拌	薙刀
倹しい	榠樝	鋏	潔い
朦朧	癇癪	芳醇	在処

答え＆解説

じょせい
娘むこ。

やぼ
洗練されていないこと。世事に疎いこと。

ちょとつもうしん
まっしぐらに突進すること。

つましい
質素だ。

もうろう
ぼんやりしていて、正体がつかめないさま。

こんりゅう
仏教の堂や塔を建てること。

こんぱい
疲れ果てること。「疲労困憊」。

ぞうすい
野菜などを入れたかゆ。

かりん
「花梨」とも書く。中国原産の落葉高木で、実を食用にする。

かんしゃく
かっとなりやすい性質。

よせ
人を集めて落語などを聞かせる場。

しゅうえん
死ぬこと。物事が終わること。

かくはん
「こうはん」とも読む。かきまぜること。

はさみ
紙などを挟んで切る道具。

ほうじゅん
酒などの香りがよいさま。

ひっぱく
差し迫ること。経済的に行き詰まること。

こうがい
物語などのあらまし。

なぎなた
長い柄の先に、そった刃のついた武器。

いさぎよい
未練がましくなく、さっぱりしている。

ありか
ある場所。いる場所。

第22回　国語力判定テスト

問1 「非」の意味がほかと異なるものはどれですか。 ［正答率76%］

① 非難
② 非常
③ 非番

問2 （　）にほかと異なる漢字が入るのはどれですか。 ［正答率77%］

① 間（　）を容れず
② 怒り心頭に（　）す
③ 危機一（　）

問3 「八方破れ」の意味はどれですか。 ［正答率40%］

① 自由奔放
② 自暴自棄
③ 奇想天外

答え&解説

問1　「非難」の「非」は「他人を悪く言う・そしる」の意味（「難」も同義）。「非常」「非番」の「非」は、ともに下の字（語）の意味を打ち消す接頭語。

答え①

問2　①・③は「髪」、②には「発」が入る。①は「間《かん》、髪《はつ》を容《い》れず」と読み、「間、髪」を「かんぱつ」とは読まない。②は怒りが「心頭＝心の中」から「発する」の意味で、「怒り心頭に達する」は間違い。③は髪の毛一本ほどの違いで危機に陥るほどの生死の瀬戸際、の意味。

答え②

問3　「八方破れ」は、至るところ隙だらけで、一貫性がないようす。そこから、自由奔放な生活ぶりのことも指す。

答え①

問4 「しのつく雨」とはどういう降り方の雨でしょう。 [正答率57%]

① 明け方を意味する「しののめ」から、明け方にしっとりと降る雨。
② 焼物を表す「しのつき」から、器に雨水がたまるほどの大雨。
③ 篠竹《しのだけ》を束ねて突き下ろすように激しく降る細かい雨。

□

問5 「レイシズム」の意味はどれですか。 [正答率42%]

① 競争主義
② 人種主義
③ 成果主義

□

問6 女性が男性をもてあそぶようすをいう言葉はどれですか。 [正答率39%]

① 鼻毛を数える
② 鼻毛を伸ばす
③ 鼻毛を抜く

□

答え＆解説

問4　篠竹《しのだけ》は細くて、葉もこまかな、群がって生える竹。根笹《ねざさ》の仲間の総称。そこから、「篠突く」で篠竹を束ねて突き下ろしたように細いものが続けて激しく飛んでくることをいう。

答え③

問5　「レイス」は「race」と書き、「人種」の意味。似た意味をもつ「エスノセントリズム＝自民族中心主義」「パトリオティズム＝愛国主義」「ショービニズム＝偏狭的愛国主義」との違いに注意する。

答え②

問6　「鼻毛を読む」も同じ意味。②の「鼻毛を伸ばす」は女性の色香に迷い、言いなりになること。③の「鼻毛を抜く」は人の心を見透かし、出し抜いたりだましたりすることをいう。

答え①

問7 よいものを探し求めるという意味の「物色」。もともと何の「色」ですか。

① 家畜の色
② 穀物の色
③ 上司の顔色

［正答率28％］

□

問8 改まった手紙の「書き出し」と「結び」の組み合わせとして、正しいのはどれですか。

① 拝啓――草々
② 謹啓――敬白
③ 前略――草々

［正答率67％］

□

問9 「いずれ菖蒲《あやめ》か杜若《かきつばた》」とはどんな理由で選択に迷うことをいうでしょうか。

① どちらも優れているから。
② どちらもよく似ているから。
③ どちらも好きだから。

［正答率50％］

□

問7 「物色《ぶっしょく》」とは、いけにえとする動物の毛の色のこと。「物」の字の起源・由来は多くあるが根拠となる物証に乏しく、いまだはっきりとしていない。 **答え①**

問8 改まった手紙の場合は、「拝啓・敬具」「謹啓・敬白」を用いる。「前略・草々」は、「取り急ぎ書きました」という場合に用いるので、改まった書き方ではない。 **答え②**

問9 菖蒲《あやめ》も杜若《かきつばた》もアヤメ科の多年草で、いずれ劣らず美しいことから。 **答え①**

問10　漢字問題

すべて読めれば漢字名人！

数奇屋	喚く	我儘	克己心
接吻	神楽	昵懇	払暁
梱包	達磨	乳母	涵養
趨勢	艶かしい	鼈甲	山裾
燻製	顚末	冒瀆	雑魚寝

答え&解説

すきや　茶の湯のために建てた茶室。

わめく　大声で叫ぶ。騒ぐ。

わがまま　自分の思いどおりにならなければ気がすまないさま。

こっきしん　自らの怠け心や欲望に打ちかつ心。

せっぷん　キス。口づけ。

かぐら　神を祭るときに奏する舞楽《ぶがく》。

じっこん　親密で気のおけないさま。

ふつぎょう　明け方。

こんぽう　縄などをかけて荷造りすること。

だるま　中国の禅僧。また、彼の座禅姿をかたどった張子の玩具。

うば　実の母親に代わって乳を与える役目の女性。

かんよう　学問や教えが自然に養われること。

すうせい　世の中や物事の変化の先行き。

なまめかしい　あでやかで色っぽい。

べっこう　ウミガメ科のカメの甲羅を原料とする工芸品の材料。

やますそ　山のふもと。

くんせい　肉や魚を煙でいぶして調理した食品。

てんまつ　事の初めから終わりまでの事情。

ぼうとく　神聖なものをけがし、おとしめること。

ざこね　大勢が一緒にごろ寝すること。

第23回　国語力判定テスト

問1　「（　）刀直入」の（　）に入る漢字はどれですか。　[正答率77%]

① 単
② 短
③ 鍛

□

問2　次の文の（　）に入るのはどれですか。　[正答率55%]

◎「法案は継続審議になる公算が（　　）」

① 濃い　② 多い
③ 大きい

□

問3　「一言居士」とはどんな人ですか。　[正答率40%]

① 一つのことにこだわる人
② 何にでも意見を言いたがる人
③ 口数が少ない人

□

答え&解説

問1 一本の刀をひっさげ、一人で敵陣に斬り込む意味から、前置きや余談抜きに直接要点に入ること。「短刀…」と間違えやすいので注意。

答え①

問2 「公算」の程度を表す場合には「大きい・小さい」を用いる。最近では「公算が強い」という言い方も認められつつあるが、その対義語として「公算が弱い」を使うことはできない。

答え③

問3 「一言居士《いちげんこじ》」とは、何事によらず一言口をはさんだり、批評・講釈をしたがる人。

答え②

問4　（　）に当てはまる漢字はどれですか。

◎「責任は（　）にされたままだ」

① 有耶無耶
② 有也無也
③ 有哉無哉

［正答率53％］

問5　ほぼ同じ意味を表す言葉の組み合わせはどれですか。

① 似ても似つかぬ――似もつかぬ
② 押しも押されもせぬ――押しも押されぬ
③ 寄る年波には勝てない――寄る年には勝てない

［正答率28％］

問6　「のみの夫婦」とは、どんな夫婦ですか。

① 夫・妻とも落ち着きがない
② 妻が夫より大きい
③ 夫が妻より短命

［正答率75％］

問4 「有るのか無いのか・そうなのかそうでないのか」という意味の「有りや無しや」を漢文調に書いたのが「有耶《うや》無耶《むや》」。かの「源氏物語」にも「ありやなしやを聞かぬ間は…」という一節が見える。 **答え①**

問5 ①は辞書には両方とも載っている、正しい言い方。②は「押すに押されぬ」なら可だが「押しも押されぬ」は間違った言い方。「押しも押されもせぬ」と「押すに押されぬ」の混用だろう。③の「年波」は「加齢」を寄せ来る「波」にたとえた表現で、「年」だけに省略することはできない。 **答え①**

問6 のみは、メスのほうがオスより大きいことからいう。 **答え②**

問7 「ごたくを並べる」の「ごたく」を漢字で書くとどうなりますか。

［正答率63％］

① 御宅
② 御託
③ 御托

問8 「眉唾物《まゆつばもの》」の使い方が正しいのはどれですか。

［正答率77％］

① この光る塊がダイヤモンドだなんて眉唾物だ。
② 一生に一度会えるかどうかの貴重な眉唾物だ。
③ われわれは眉唾物としての誇りをもとうではないか。

問9 多くの優れた人や物の中で最も優れたものであることを表す言葉はどれですか。

［正答率57％］

① 白眉
② 秀眉
③ 柳眉

問7 神などが人に乗り移ったり、人の夢に現れたりして神意を伝えることを「託宣《たくせん》」「御託宣」といったが、「御託」は「御託宣」を略したもの。現代では、さして意味のないことをもったいぶってぐだぐだと言うことを「御託を並べる」という。 **答え②**

問8 眉に唾をつければ、狐狸《こり》に騙されないという俗言から、欺《あざむ》かれないように眉に唾をつけて用心しなければならない、いかがわしいものの意味。 **答え①**

問9 「白眉《はくび》」は、中国の三国時代、蜀《しょく》の馬氏に秀才の誉れ高い五人兄弟がいたが、中でも長兄の馬良《ばりょう》が優れていて、その眉毛に白い毛が混じっていた、という故事に由来する。 **答え①**

問10 漢字問題

すべて読めれば漢字名人！

拗ねる	剃髪	琴線	矩形
唾棄	奇譚	蒐集	悉く
残滓	菫	敏捷	恭しい
椰子	稠密	泡沫	朝餉
象嵌	驕る	殊更	瞑目

答え＆解説

くけい
長方形。

きんせん
心情。情緒。「琴線に触れる」。

ていはつ
髪を剃《そ》って頭を丸めること。

すねる
不満があって素直でない態度をとる。

ことごとく
すべて。何もかも。

しゅうしゅう
趣味などで物を集めること。コレクション。

きたん
珍しい話。

だき
下品でけがらわしいとさげすむこと。「唾棄すべき男」。

うやうやしい
礼儀正しいさま。「恭しく頭を下げる」。

びんしょう
動きの素早いさま。

すみれ
スミレ科の多年草。春、紫色などの花を咲かせる。

ざんし
残りかす。

あさげ
朝食。

ほうまつ
泡。「うたかた」とも読む。すぐに消えてしまうもの。「泡沫会社」。

ちゅうみつ
びっしり集まっていること。

やし
南国で見られる常緑高木。ヤシ科。

めいもく
目を閉じること。死ぬこと。

ことさら
特に。わざわざ。

おごる
威張る。人を見下す。

ぞうがん
金属や木材などの材料に金銀などをはめ込むこと。

第24回　国語力判定テスト

問1　「グルメ」の意味はどれですか。　［正答率72％］

①　美食家
②　ご馳走
③　料理屋

問2　（　）に入る言葉はどれですか。　［正答率60％］

◎「命長ければ（　）多し」

①　友　②　欲
③　恥

問3　「すき焼き」の「すき」の漢字はどれですか。　［正答率62％］

①　隙
②　鋤
③　数奇

答え＆解説

問1 「グルメ」はフランス語で、語源は「召使い・酒屋の下男」。転じて「美食家・食通」の意味。人を表す語なので「グルメな料理」などとは使えない。
答え①

問2 長生きするほど多くの物事や人に接することになり、そのぶん恥をかく機会も増えるという意味。出典は「荘子《そうじ》」。
答え③

問3 農機具の鋤《すき》の、金属製の刃の部分で肉を焼いて食べたから、というのが語源らしい。
答え②

問4 敬語の使い方が正しいのはどれですか。

① 何時にお帰りになられますか。
② お読みになっていらっしゃる本はだれの作品ですか。
③ お持ちの本は、いつお求めになったものですか。

［正答率53％］

問5 「他山の石」の使い方が正しいのはどれですか。

① あなたの立派な行いを他山の石としたい。
② 彼女を他山の石として疎外してはいけない。
③ 彼の失敗を他山の石として励みたい。

［正答率56％］

問6 日本に由来することわざはどれですか。

① 豚に真珠
② 目には目を
③ 猿も木から落ちる

［正答率72％］

答え&解説

問4　①・②は二重の敬語。①は「お帰りになり」か「帰られ」、②は「お読みになっている（本）」とするのがよい。③も「お持ち」と「お求めになった」の両方とも尊敬語だが、これは、所持しているものについてと買うという行為についてのそれぞれに用いているので、問題ない。
答え③

問5　「他山の石とする」は、よその山でとれた粗悪な石でも、自分の宝石を磨く役には立つ、の意味から、他人のどんな言行も自分の知徳を磨くのに活かせる、ということ。もっぱら自分より劣った者の言行について用い、手本にするといった意味はない。
答え③

問6　「豚に真珠」は、新約聖書の「マタイ福音書」にあるイエスの言葉。「目には目を」も、イエスが山上の垂訓《すいくん》で用いて有名になった言葉だが、もとはバビロニアのハンムラビ法典や旧約聖書にある「目には目、歯には歯」である。
答え③

問7 「寺から里へ」と関連のある言葉はどれですか。

① 本末転倒
② 枝葉末節
③ 自業自得

［正答率50％］

問8 次の傍線に当たる漢字はどれですか。

◎「一敗地にマミれる。」

① 泥
② 塗
③ 況

［正答率41％］

問9 次の文の「はか（る）」と同じ漢字を用いた熟語はどれですか。

◎「法案の骨子を委員会にはかって決める」

① 謀略
② 企図
③ 諮問《しもん》

［正答率72％］

問7 本来は里の人、檀家《だんか》から寺に物を贈るところを、あべこべになっていることのたとえ。「枝葉末節《しようまっせつ》」は重要でない、細かな部分。「自業自得《じごうじとく》」は「身から出た錆《さび》」に同じ。 **答え①**

問8 意味的には①などでもよさそうだが、「一敗地《いっぱいち》に塗《まみ》れる」は慣用的な言い回しなので、正しく「塗」の字を使わなければいけない。 **答え②**

問9 「謀《はか》る」は「謀略」という熟語からもわかるように「(特に悪事を)くわだてる」の意味。「図る」は、一般的に「考えをめぐらす・工夫する」の意味で、動機・目的の善悪は問われない。「諮《はか》る」は「尋ねる・相談する」の意味。 **答え③**

問10　漢字問題

すべて読めれば漢字名人！

乖離	有職故実	稚児	竹輪
素封家	算盤	渉猟	殺める
慟哭	贋作	三つ巴	手鞠
炯眼	甍	快哉	俎上
糠喜び	誤謬	佃煮	齟齬

答え&解説

かいり
かけ離れていること。

ゆうそくこじつ
朝廷や武家の慣例、行事などに関する古来のきまり。

ちご
昔、寺などで給仕に使った少年。

ちくわ
すりつぶした魚肉を原料とする円筒形の食品。

そほうか
資産家。財産家。

そろばん
計算用具の一つ。「算盤をはじく」。

しょうりょう
あれこれと広くあさること。

あやめる
殺す。

どうこく
大声で泣くこと。

がんさく
にせの作品。

みつどもえ
三者が入り乱れて張り合うこと。

てまり
手でついて遊ぶためのまり。

けいがん
物事の本質を見抜く眼力が鋭いこと。

いらか
屋根のかわら。またはかわらぶきの屋根。

かいさい
快いと思うこと。「快哉を叫ぶ」。

そじょう
まないたの上。転じて議題に上がること。

ぬかよろこび
喜んだ後であてが外れて喜びが無駄になること。

ごびゅう
誤り。間違い。

つくだに
魚介類や海苔などを調味料で味濃く煮た食品。

そご
物事が食い違うこと。「齟齬をきたす」。

国語常識10問テスト④ 当て字

／100

平均点 50点

■次の言葉の当て字を選びましょう。（1問10点）

問1 アルコール
㋐ 酒髄 ㋑ 酒精 ㋒ 酒粋

問2 バレーボール
㋐ 排球 ㋑ 網球 ㋒ 拳球

問3 うに
㋐ 雲呑 ㋑ 雲水 ㋒ 雲丹

問4 もぐら
㋐ 土竜 ㋑ 穴竜 ㋒ 盲竜

問5 ロサンゼルス
㋐ 羅府 ㋑ 羅港 ㋒ 羅州

問6 ダニ
㋐ 床蝨 ㋑ 畳蝨 ㋒ 壁蝨

問7 サボテン
㋐ 仙人頭 ㋑ 仙人掌 ㋒ 仙人脚

問8 ランプ
㋐ 筒灯 ㋑ 洋灯 ㋒ 芯灯

問9 オーロラ
㋐ 極光 ㋑ 揺光 ㋒ 幻光

問10 ハリウッド
㋐ 針林 ㋑ 聖林 ㋒ 梁木

答え&解説

答えの下の数字は、それぞれの正答率です。

問1 ㋑ 64%
酒の精髄ということだが、「髄」ではなく「精」を使う。

問2 ㋐ 48%
自分のコートからボールを排除し合うから「排球」。

問3 ㋒ 75%
「雲呑」はワンタン。

問4 ㋐ 57%
土中に穴を掘ってすむことから、「土竜」と当てる。

問5 ㋐ 13%
「羅」はロサンゼルスの頭文字を表し、「府」は都市を表す。

問6 ㋒ 15%
「蝨」は一字で「しらみ」と読む。

問7 ㋑ 48%
仙人の「頭」や「脚」ではない。

問8 ㋑ 53%
ランプは西洋式の灯火なので「洋灯」と当てる。

問9 ㋐ 57%
北極・南極付近で見られる珍しい光なので、「極光」の字を当てる。

問10 ㋑ 61%
Hollywoodは、ひいらぎ(holly)の林(wood)の意味。それが、「聖なる」の意味のholyと勘違いして誤訳され「聖林」となった。

第25回　国語力判定テスト

問1 ほぼ同じ意味の組み合わせはどれですか。

① 奢侈——贅沢
② 更迭——昇進
③ 逡巡——徘徊

［正答率74％］

問2 動物の「タコ」ではないのはどれですか。

① 烏賊
② 蛸
③ 章魚

［正答率68％］

問3 「夕暮れ」を意味する「たそがれ」。漢字で表すとどれですか。

① 誰そ彼
② 田そ枯れ
③ 他削がれ

［正答率75％］

答え＆解説

問1　「奢侈《しゃし》」「贅沢《ぜいたく》」はともに必要以上に消費すること。②の「更迭《こうてつ》」はその役目の人を代えること。「昇進」は地位や官位が上がること。③の「逡巡《しゅんじゅん》」はためらうこと。「徘徊《はいかい》」はあてもなく歩き回ること。

答え①

問2　①は「イカ」と読む。イカは、死んだふりをして海面に浮かび、ついばもうと近づいてきた烏《からす》に巻きついてえさにする、ということからこう書くようになったと、中国と日本の古書にある。

答え①

問3　「たそがれ」は、日が暮れて辺りが暗くなり、人の見分けがつきにくく「誰《た》そ彼＝彼は誰《だれ》だ」と尋ねたことからきた言葉。成り立ちの似た対義語に薄暗い明け方を意味する「かわたれ（＝彼は誰）」があるが、現在はほとんど用いられていない。

答え①

問4 「従容」とはどんなようすを表す言葉ですか。　［正答率40％］

① じたばたしないでゆったりとしたようす
② ほかの人に忠実に付き従うようす
③ 他人の意見をよく採り入れるようす

□

問5 「洞が峠」という言葉はどんなことのたとえとして使われますか。　［正答率56％］

① その場しのぎ
② 日和見
③ 首尾一貫

□

問6 「顰みに倣う」の「顰み」とは何ですか。　［正答率25％］

① 師の勘違い
② 美人のしかめ面
③ 君子の失言

□

問4

「従容《しょうよう》」は、じたばたしないでゆったりとしたようすを表す言葉。「従」はまっすぐに、「容」は受け入れる、という意味。「従容として死につく」などと使う。

答え①

問5

豊臣秀吉と明智光秀の山崎の合戦の際、大和郡山《やまとこおりやま》の領主筒井順慶《つついじゅんけい》が両軍の中間の「洞が峠《ほらとうげ》」に陣取って、優勢と見たほうに味方したとされることから、日和見《ひよりみ》を意味するたとえとなった。

答え②

問6

「顰《ひそ》みに倣《なら》う」は、人の意見にむやみに従うこと、うわべだけをまねすること。「西施《せいし》の顰みに倣う」ともいう。「顰み」は眉をひそめること。西施という絶世の美女が病気の苦しさで眉をひそめ、顔をしかめると、それが美しいと言って村中の女たちがまねをして顔をしかめたことから。出典は「荘子《そうじ》」。

答え②

問7 **「手ぐすねを引く」の「くすね」とは何ですか。**

[正答率40%]

① 糸、弓などに塗る補強剤、滑り止め
② わなを仕掛けるときに使う細い紐
③ 引くと開く仕組みの玉手箱の蓋の取っ手

問8 **（　）に同じ漢字が入るのはどれですか。**

[正答率51%]

① 博覧強（　）──綱（　）粛正
② （　）天白日──（　）耕雨読
③ 曲学（　）世──（　）鼻叫喚

問9 **「リストラ」の原語「リストラクチャー」。本来の意味はどれですか。**

[正答率57%]

① 合理化
② 人員整理
③ 再構築

答え＆解説

問7 「くすね」は「薬煉《くすね》」と書く。松脂《まつやに》と油を混ぜて練った弓の弦などに用いる補強剤。武士たちが弓の弦に丹念に薬煉を引き、戦いを待ったことから、準備万端に機会を待つありさまを「手ぐすねを引く」という。

答え①

問8 順に、「博覧強記《はくらんきょうき》・綱紀粛正《こうきしゅくせい》」、「青天白日《せいてんはくじつ》・晴耕雨読《せいこううどく》」、「曲学阿世《きょくがくあせい》・阿鼻叫喚《あびきょうかん》」。「博覧強記」は広く書物を読み、物知りなこと。「青天白日」は心にやましさがないようす。「曲学阿世」は学問上の真理を曲げてまで世間にこびへつらうこと。

答え③

問9 「リ」は、「再び」の意味を添える接頭語。「ストラクチャー」は「構築・構造」の意味なので、原義はいわゆる「構造改革」という意味である。「人員整理」など企業の合理化を指すのは日本特有の用法。

答え③

問10 漢字問題

すべて読めれば漢字名人！

辱める	轍	梗塞	冶金
箴言	不撓不屈	木端微塵	風采
縋る	依怙地	時宜	耽溺
涎	虐げる	憑依	襖
濾過	薪	囮	覿面

答え＆解説

はずかしめる
恥をかかせる。地位や名誉をけがす。

しんげん
格言。戒《いまし》め。

すがる
しがみつく。頼る。依存する。

よだれ
口から垂れたつば。

ろか
液体や気体をこして、固形物を取り除くこと。

わだち
車が通った後に残る車輪の跡。

ふとうふくつ
困難に遭ってもくじけないさま。

いこじ
意地を張るさま。

しいたげる
むごい扱いをする。

たきぎ
「まき」とも読む。燃料にする木。

こうそく
ふさがって通じなくなること。「心筋梗塞」。

こっぱみじん
粉々に砕けること。

じぎ
ちょうどいい時期。「時宜にかなった挨拶」。

ひょうい
神や霊魂が乗り移ること。

おとり
敵などを誘い寄せるために利用するもの。

やきん
鉱石から金属を精製したり、合金を作ったりする技術。

ふうさい
外見。姿。

たんでき
（不健全なことに）夢中になって、ほかを顧みないこと。

ふすま
細い木の骨組みに紙をはった建具。

てきめん
効果がすぐに現れるさま。

第26回　国語力判定テスト

問1 次の傍線の読み方がほかと異なるものはどれですか。

① 乾坤一擲
② 放擲
③ 打擲

［正答率42％］

問2 得意技を意味する「十八番」。もとはどのジャンルの言葉ですか。

① 歌舞伎
② 能楽
③ 俳諧《はいかい》

［正答率89％］

問3 「ふんぎりがつかない」の「ふんぎり」は、漢字でどう書きますか。

① 糞切り
② 踏ん切り
③ 分切り

［正答率58％］

答え&解説

問1 順に「けんこんいってき」「ほうてき」「ちょうちゃく」と読む。意味は、順に「いちかばちかの勝負に出ること」「投げ捨てること」「打ち付けること」の漢語的表現。いずれも最近ではあまり聞かないが、時代劇や古典的な名作にはよく出てくる言葉である。

答え③

問2 七世市川団十郎《だんじゅうろう》が天保《てんぽう》年間に制定した、市川家の当たり狂言十八演目が語源。またその台本を箱入りで保存したことから「十八番」と書いて「おはこ」と読むようになったという。

答え①

問3 「踏ん切りがつかない」で、決断がつかない、思い切ってできない、ということ。「踏み切り」が音便化して「踏ん切り」となった。

答え②

問4 「汗牛充棟《かんぎゅうじゅうとう》」とは何が多いことをいう言葉ですか。　［正答率32％］

① 穀物
② 書物
③ 宝物

問5 「胡散臭い」の使い方が正しいのはどれですか。　［正答率68％］

① 製品の仕上がりを一つ一つ見直すのは胡散臭くて疲れる。
② 政府要人の暗殺で、辺りは胡散臭い様相を呈してきた。
③ 皆様のためなどとわざわざ言うところが胡散臭くて嫌だ。

問6 次の傍線に当たる漢字はどれですか。　［正答率60％］

◎「ようやく目的地に着いた。」

① 暫
② 漸
③ 斬

問4 「汗牛充棟《かんぎゅうじゅうとう》」は、持っている書物が非常に多いこと。牛車で運ぶと牛が汗をかくほど重く、積み上げると家の棟木《むなぎ》に届くほど高い、の意味。 **答え②**

問5 「胡散《うさん》」の「胡」はでたらめ、疑わしいの意。類義語に「胡乱《うろん》」がある。①は「面倒臭く」、②は「きな臭い」が正しい。 **答え③**

問6 「漸次《ぜんじ》」という熟語がある。「次第に」の意味で、これと合わせて「漸く」を覚えるとよい。それに対し「暫」は「暫時《ざんじ》＝しばらくの間」という熟語とセットで「暫《しばら》く」という読みを覚えるといいだろう。 **答え②**

問7 碁の勝負のことを「（　）の争い」といいます。（　）に入る言葉はどれでしょう。

【正答率27％】

① 鷲鷹

② 狐狸

③ 烏鷺

□

問8 「まんじりともしない」の正しい使い方はどれですか。

【正答率74％】

① 夫の帰宅を待ち、まんじりともしない夜を過ごした。

② 事態はまんじりともしないままで、進展を見せません。

③ 政権が代わったところで景気はまんじりともしません。

□

問9 「騎虎《きこ》の勢い」と同じ意味の言葉はどれですか。

【正答率19％】

① 乗りかかった船

② 飛ぶ鳥を落とす勢い

③ 念力岩をも通す

□

問7 「烏鷺《うろ》の争い」。「烏」はカラス、「鷺」はサギ。色が黒と白なので、碁の黒石、白石に引っ掛けていった。碁にはこのほか方円《ほうえん》（盤の四角と石の円を指す）、手談《しゅだん》（言葉でなく手で対話することから）、などの別称がある。

答え③

問8 「まんじり」は、ちょっと眠る、まどろむという意味。「まんじりともしない」で、まったく眠らずに、ということ。

答え①

問9 「騎虎《きこ》の勢い」は、虎に乗ってしまうと勢いが激しくて降りられないことから、やり始めたことに勢いがつき、途中でやめるにやめられなくなること。①の「乗りかかった船」も、岸に着くまでは下りられないので同様の意味。②の「飛ぶ鳥を落とす勢い」は、威勢や権勢が極めて盛んなようす。③の「念力岩をも通す」は、強い精神力をもってすればできないことはない、の意味。

答え①

問10　漢字問題

すべて読めれば漢字名人！

疾病	産湯	丼勘定	髣髴	鍬形虫
椋鳥	飯盒	神神しい	霙	徐に
謙る	旱魃	奸臣	屠る	烏帽子
恢復	予め	艱難	杳として	魚籠

答え&解説

しっぺい
病気。「現代人の三大疾病」。

うぶゆ
生まれたばかりの子を入れる湯。

どんぶりかんじょう
金の使い方がいい加減なこと。

ほうふつ
そっくりで、ありありと見えるさま。

くわがたむし
兜《かぶと》の鍬形に似た大きなあごをもつ甲虫。

むくどり
ムクドリ科の鳥。

はんごう
野外で飯を炊くためのアルミ製の容器。

こうごうしい
尊くて厳《おごそ》かなさま。

みぞれ
とけかかった雪が雨まじりに降る現象。

おもむろに
何かをゆっくりと行うさま。

へりくだる
自分を低く扱う。謙遜する。

かんばつ
ひでり。

かんしん
悪事をたくらむ家臣。

ほふる
鳥獣の体を切り裂く。敵を皆殺しにする。

えぼし
昔、成人した男子が日常かぶっていたかぶりもの。

かいふく
病気が治り、もとの状態になること。

あらかじめ
前もって。「予め用意しておく」。

かんなん
苦労や困難。「艱難辛苦」。

ようとして
事情がはっきりしないさま。「杳として知れない」。

びく
「魚籃」とも書く。釣った魚を入れておく。

第27回　国語力判定テスト

問1　（　）に入る言葉はどれですか。　［正答率72％］

◎「琴（　）相和す」

①鼓　②弦

③瑟

問2　「あにはからんや」の意味はどれですか。　［正答率58％］

①思ったとおり

②意外なことに

③一か八かで

問3　「海豹」と漢字で書く動物はどれですか。　［正答率63％］

①アザラシ

②シャチ

③アシカ

答え&解説

問1 「瑟《しつ》」は大型の琴。琴と瑟は合奏すると音色が見事に調和するので、「琴瑟相和《きんしつあいわ》す」で夫婦の仲むつまじさをたとえる。 **答え③**

問2 「あに～（せ）んや」は、漢文の反語形。「どうして～しようか。いやしない」の意味である。よって「あにはからんや」で「どうして図ろうか(予想しようか)。いやしない」、つまり「予想しない＝意外」という意味になる。 **答え②**

問3 海にすむ肉食獣ということか、あるいは斑《まだら》模様のせいかはわからないが、アザラシのことを「海豹」と書く。シャチの漢字表記は「鯱」か、別称「サカマタ」にあてて「逆叉」などと書く。アシカは「海馬・葦鹿」などと書く。昔の人の目には馬か鹿のように見えたのだろうか。 **答え①**

問4 「薬にしたくてもない」の正しい使い方はどれですか。 ［正答率35％］

① 彼の言葉に、役立つようなことは薬にしたくてもない。
② 嫌いな人の説教など、薬にしたくてもない。
③ 薬にしたくてもないほど、悪意に満ちている。

□

問5 満足したときのしぐさを表したもので、（　　）に入る言葉はどれですか。 ［正答率77％］

◎「あごを（　　）」

① 出す
② なでる
③ しゃくる

□

問6 地方によって違う意味（日）を表すのはどれですか。 ［正答率47％］

① あした
② あさって
③ しあさって

□

問4 ほんの少しばかりもない、まったくない、ということ。ちなみに「薬にするほど」という言葉があり、これは、「極めて少量」という意味。

答え①

問5 ①「あごを出す」はへばること、疲れて動けなくなること。「あごが上がる」とも。③「あごをしゃくる」は人を見下したようにあごを突き出して指図すること。似た表現に「あごで使う」があり、どちらもよくない意味。

答え②

問6 「しあさって」を、あさっての翌日ととらえる地方と、あさっての翌々日ととらえる地方とがある。つまり「しあさって」と「やのあさって」の順番は地方によって異なるということ。ちなみに西日本の一部では「しあさって」の翌日を「ごあさって」と呼んでいる。

答え③

問7 「秋霜烈日《しゅうそうれつじつ》」とは、何についていう言葉ですか。

［正答率38％］

① 人生のはかなさ
② 刑罰の厳しさ
③ 正反対の性格

□

問8 「覆水《ふくすい》盆に返らず」は何に対する返事の言葉だったでしょうか。

［正答率49％］

① 罪を着せられた者の必死の命乞い
② 戦乱の故郷のようすを兵士に問われたこと
③ 離婚後に出世した元夫への再婚の求め

□

問9 知っているのに知らないふりをすること「かまとと」。「かま」とは何のことですか。

［正答率51％］

① 草を刈る鎌
② 飯を炊く釜
③ 食べ物の蒲鉾

□

問7 「秋霜烈日《しゅうそうれつじつ》」とは、秋の冷たい霜と夏の照りつける陽射しで、いずれも気候の厳しさをいう。そこから、刑罰や権威の厳しさをたとえた言葉。　**答え②**

問8 古代、周の呂尚《りょしょう》という男（のちの太公望《たいこうぼう》）は貧しく、読書に耽《ふけ》ってばかりいたため、妻が出て行った。呂尚が出世するとその妻が復縁を迫った。呂尚が壺の水を床にこぼして言った言葉が「覆水盆に返らず」。そこから、一度した失敗は取り返せないことをもいう。出典は「通俗篇《つうぞくへん》」。　**答え③**

問9 ある人が、知っていながら「蒲鉾《かまぼこ》はとと（魚）からできているのか」とわざとらしく聞いた、ということから。現代では、主にうぶでかわいこぶる女性のようすに用いられる。　**答え③**

問10 漢字問題

すべて読めれば漢字名人！

訝る	初陣	慮る	僻む
嬌声	羽二重	懸想	恫喝
波濤	外反拇趾	卜占	脳震盪
老獪	謀叛	軋轢	寛ぐ
漁火	慇懃	刎頸	纏う

答え&解説

ひがむ
物事をねじ曲げて考える。

おもんぱかる
様々な要素を考え合わせる。考慮する。

ういじん
初めて出陣すること。

いぶかる
あやしむ。疑う。

どうかつ
おどしつけること。

けそう
異性を恋い慕うこと。

はぶたえ
薄くてつやのある絹織物。

きょうせい
女性のなまめかしい声。

のうしんとう
頭を強く打って気を失う症状。

ぼくせん
占い。

がいはんぼし
足の親指が外側に変形する症状。

はとう
高い波。

くつろぐ
ゆったりと心身を休める。リラックスする。

あつれき
きしみあい。人と人が反目しあうこと。仲たがい。

むほん
兵を起こして反乱を企てること。

ろうかい
経験を積んでずる賢いこと。

まとう
身に着ける。体を包むようにして着る。

ふんけい
「刎頸の交わり」で、終生の親しい交わり。

いんぎん
丁寧で礼儀正しいさま。

いさりび
「ぎょか」とも読む。夜、魚を誘い寄せるためにたく火。

第28回　国語力判定テスト

問1　「トーナメント」とは、もともと西洋中世で行われていた競技のことです。その競技とはどれですか。

①　馬上試合　②　長距離走

③　チェス

［正答率49％］

問2　「拝啓」を使わないほうがよい手紙はどれですか。

①　結婚式の招待状

②　引っ越しの案内状

③　事故や災害の見舞状

［正答率75％］

問3　敬語の使い方が正しいのはどれですか。

①　当社の社長は午後に参る予定です。

②　御社の社長様は何時にいらっしゃいますか。

③　弊社の社長はおいでになれないそうです。

［正答率53％］

答え&解説

問1　「トーナメント」は、西洋中世に行われた騎士の馬上試合（大会）。転じて現在では「勝ち抜き戦」の意味で用いられている。
答え①

問2　見舞状には取るものも取りあえず、という感じを込めたほうが、心配している気持ちが伝わってよい。「拝啓」などの接頭語や時候の挨拶といった悠長《ゆうちょう》な言葉はかえって失礼に当たる。香典に新札を避けるのも、同じ理由による。
答え③

問3　①の「当社」は我が社の意味であり、「社長」は身内の者なので、「参る」という謙譲語で正しい。②は、「社長」という肩書を示す呼称はそれだけで敬称ともなるので、「様」は不要とされる。③は①と同じ理由で、尊敬語「おいでになる」が間違い。
答え①

問4　美男のことを「二枚目」というのはなぜですか。

① 江戸の伊達男の間で羽織を二枚重ね着するのが流行ったから。
② 美男力士はひいき先で錦の二枚座布団で厚遇されたから。
③ 芝居小屋の看板で色男役の看板は二枚目に掛けたから。

［正答率77％］

問5　悪い環境でも清らかに生きることをいう「泥中《でいちゅう》の（　）」。（　）に入る言葉はどれですか。

① 蓮《はちす》
② 玉
③ 鷺《さぎ》

［正答率71％］

問6　「さじを投げる」はだれがさじを投げたことから生まれた言葉ですか。

① 調理師
② 医師
③ 教師

［正答率83％］

問4 歌舞伎の芝居小屋の前に掲げた座組みの看板で、色恋を演じる美男役者は二枚目に掛けられた。道化役は三枚目に掛けられたので、滑稽なキャラクターのことは三枚目という。

答え③

問5 仏教に由来する言葉。汚れた泥の中でも、蓮は清らかに美しく花咲くことから。

答え①

問6 「さじ」は、元来医師が薬を調合するときに用いた道具。「さじを投げる」で薬を作るのをあきらめる、あれこれと手を尽くしたが断念する、となる。

答え②

問7 年若く、前途あるさまを指して何と呼びますか。 [正答率63%]

① 中秋に冴える
② 春秋に富む
③ 青春に吠《ほ》える

問8 「こけらおとし」という言葉の使い方が正しいのはどれですか。 [正答率87%]

① 新車のこけらおとしに、温泉へ行くことにした。
② プールのこけらおとしとして国体の水泳競技が行われた。
③ 市民会館のこけらおとしに、有名な落語家を招くそうだ。

問9 「判官贔屓」の「判官」とはだれのことですか。 [正答率68%]

① 源義経
② 大石内蔵助
③ 豊臣秀吉

問7 春秋は、年月を指す。年月がたくさんあるということは、将来が長く、年が若いこと。長い年月を過ごした、経験の豊富な老人、とするのは誤り。出典は「史記《しき》」。
答え②

問8 漢字では「杮落《こけらお》とし」と書く。「杮」は「材木を削ったくず」のことで、「杮落とし」で、「劇場などを新築して最初に行う興行」を意味する。よって、①・②のような場合には用いることができない。なお「杮」は果物の「柿」と似ているが、別の字である。
答え③

問9 「判官」は、朝廷の官位の一つ。その官位に就いていた源義経が、兄であり強者である頼朝によって討たれたことへの同情から、不遇な弱者に同情し肩をもつこと。「判官」は「ほうがん・はんがん」の両方に読める。
答え①

問10　漢字問題

すべて読めれば漢字名人！

蠕動	寂寥	僅少	蔑ろ
歯槽膿漏	城址	若人	剽窃
膠着	幣	杜氏	暇乞い
掬う	矯める	腋臭	恬淡
舳先	雹	捲土重来	鼠蹊部

答え&解説

ぜんどう うごめくこと。消化に伴う胃や腸の動き。	**しそうのうろう** 歯茎からうみが出る病気。	**こうちゃく** 物事の状態が固定して動かなくなること。	**すくう** 液体などをくみとる。「谷川の水を掬って飲む」。	**へさき** 船首。
せきりょう ものさびしいさま。	**じょうし** 城の跡。	**ぬさ** 紙や麻でできた神への供え物。『古今和歌集』などにもよく登場する。	**ためる** 形などを直してよくする。	**ひょう** 雷雨に伴って降る大粒の氷。
きんしょう ほんのわずか。	**わこうど** 若者。	**とうじ** 「とじ」とも読む。酒を造る職人。	**わきが** わきの下から出るいやなにおい。	**けんどちょうらい** 「けんどじゅうらい」とも読む。敗者の巻き返し。
ないがしろ 侮《あなど》り軽んじるさま。	**ひょうせつ** 他人の著作を無断で引用・発表すること。	**いとまごい** 別れの挨拶をすること。休暇を願い出ること。	**てんたん** 性格がさっぱりしているさま。	**そけいぶ** ふとももの付け根の部分。

第29回　国語力判定テスト

問1　（　）に入る言葉はどれですか。　［正答率68％］

◎「株を守りて（　）を待つ」

①虎　②雲

③兎

□

問2　突然の出来事をいう言葉でないものはどれですか。　［正答率44％］

①足下から鳥が立つ

②瓢簞《ひょうたん》から駒

③藪《やぶ》から棒

□

問3　「盗人の昼寝」の意味はどれですか。　［正答率21％］

①どんなに悪い人でも人の子である。

②無意味そうな行動にも考えがある。

③うっかりと油断をし、無防備なさま。

□

答え＆解説

問1 偶然切り株《かぶ》に当たって死んだ兎《うさぎ》を得た農夫が、同じ幸運を待ち、仕事もせず切り株を見張り、田畑をだめにした故事から、しきたりに囚われて融通が利かなかったり、偶然の幸運をあてにしたりするたとえ。「守株《しゅしゅ》」「株《くいぜ》を守る」ともいう。出典は「韓非子《かんぴし》」。北原白秋の「待ちぼうけ」はこれに取材したもの。

答え③

問2 「瓢簞《ひょうたん》から駒《こま》」は、瓢簞の口から駒（馬のこと）が出てくるように、意外なところから思いがけないものが出てくること。また、〔冗談半分で言ったことが実現してしまうことにも使う。

答え②

問3 夜盗のために昼寝をすることから、一見、目的のなさそうな行動にも考えがあること。

答え②

問4 「醍醐味」の「醍醐」。もともとはどんな食物のことですか。

①　精進料理
②　乳製品
③　魚介類

［正答率46％］

問5 「気息奄々」の使い方が正しいのはどれですか。

①　新しい仕事を得て、彼は気息奄々だ。
②　敵に散々攻められ、味方の軍は気息奄々だ。
③　朝の空気を気息奄々と呼吸する。

［正答率57％］

問6 「天の美禄」は何に対するほめ言葉ですか。

①　女性
②　酒
③　米

［正答率70％］

問4
「醍醐《だいご》」は牛や羊の乳を原料とした食物。乳製品の中でも最高段階にあるとされた。そこから、いったん仏教用語になり、仏教の最高の真理にたとえられ、さらに、深い味わいや面白み、妙味の意味を表すようになった。
答え②

問5
「気息奄々《きそくえんえん》」の「気息」は呼吸、「奄」はふさがるの意で、息も絶え絶えなようす。
答え②

問6
「美《び》」はよい、うまい。「禄《ろく》」は給料。天から授かったうまいものという意味で、酒をほめた語。出典は「漢書《かんじょ》」。
答え②

問7 「驥《き》尾《び》に付《ふ》す」の使い方が正しいのはどれですか。 [正答率49%]

① 今までのことはすべて驥尾に付そうと思う。
② つらいが、驥尾に付してこそ浮かばれることもある。
③ 教えを乞い、驥尾に付し、ここまで来られたのです。

□

問8 （　）に当てはまる漢字はどれですか。 [正答率37%]

◎「（　）のある新入社員が減ったと嘆く」

① 気既
② 気概
③ 気慨

□

問9 「おっとりがたな」の意味はどれですか。 [正答率47%]

① 大急ぎで駆け付けるようす
② 悠長に事に対処するようす
③ 慌ててつい失敗するようす

□

問7 「驥」は一日に千里を走るという名馬。その尾についていけば遠くまで行けるという故事からの言葉。主に自分の行動をへりくだって言うときに用い、優れた人に従って物事を成し遂げるという意味。出典は「史記《しき》」。

答え③

問8 「概」は「おおむね・だいたい」の意味で、「概要」「概略」のように使われることが多いが、「気概」の場合の「概」は「趣」の意味。「既」は「すで（に）・キ」と読み、「既成事実」という使い方をする。「慨」は「感慨」の「ガイ」。

答え②

問9 漢字では「押っ取り刀」と書く。「押っ取り」は「急の用事・急場」のこと。もともとは「危急の際で刀を腰に差すひまもなく手に持ったままでいること」の意味。「こせこせしない」の意味を表す副詞「おっとり」と混同しやすいので注意する。

答え①

問10 漢字問題

すべて読めれば漢字名人！

戦く	驕慢	放蕩	扼殺
煮凝り	遮二無二	沖積	脈搏
溜飲	竦む	素寒貧	加持祈禱
梨園	操	繁昌	覚束無い
貪婪	寛恕	桔梗	軍靴

答え＆解説

おののく
恐怖でふるえる。

にごり
魚を煮た汁が冷めて固まったもの。

りゅういん
「溜飲が下がる」で、胸がすく。

りえん
歌舞伎界のこと。

どんらん
非常に欲が深いさま。

きょうまん
おごり高ぶって人を見下すさま。

しゃにむに
ひたすら。むやみやたらに。

すくむ
緊張のあまり動けなくなる。

みさお
志を貫くこと。貞操。

かんじょ
心が広くて思いやりがあること。

ほうとう
夜遊びや賭け事にふけること。

ちゅうせき
流水のために土砂などが積み重なること。

すかんぴん
無一文なこと。非常に貧乏なこと。

はんじょう
「繁盛」とも書く。商売が盛んで流行っていること。

ききょう
キキョウ科の多年草。秋の七草の一つ。

やくさつ
首を絞めて殺すこと。

みゃくはく
「脈拍」とも書く。心臓の鼓動に応じた動脈の動き。脈。

かじきとう
災いを除き、願いをかなえるために仏に祈ること。

おぼつかない
疑わしい。頼りない。

ぐんか
軍人の履く靴。

第30回　国語力判定テスト

問1 「かきいれどき」を漢字で書くとどうなりますか。

① 欠き入れ時
② 掻き入れ時
③ 書き入れ時

［正答率29％］

問2 「顔色なし」の意味はどれですか。

① 恐ろしさに顔が青ざめること。
② 秘密を顔に出さないこと。
③ 世間に対する体面をつぶすこと。

［正答率47％］

問3 「おくびにも出さない」の「おくび」とは次のどれでしょう。

① げっぷ
② おなら
③ あくび

［正答率42％］

答え＆解説

問1 「売り上げを帳簿に記入する」という意味の「かきいれ」なので、「書き入れ」が正しい。「欠く」は「欠ける」という意味。「掻く」は「背中を掻く」というふうに用いる。

答え③

問2 「顔色《がんしょく》なし」は、恐れたりうろたえたりして、顔が蒼白《そうはく》になること。相手に圧倒されて、手も足も出ないこと。出典は「長恨《ちょうごん》歌《か》」。

答え①

問3 「おくび」は「噯気」と書き、げっぷのこと。「おくびにも出さない」は、ある物事を胸に秘め、口にもそぶりにも出さないようす。

答え①

問4　（　　）に当てはまる漢字はどれですか。

◎「マーケティングを（　　）にはできない」

① 等関
② 等閑
③ 等間

［正答率57％］

問5　「一姫二太郎」の意味はどれですか。

① 最初に女の子が生まれ、次に男の子が生まれること。
② 女の子が一人、男の子が二人生まれること。
③ 女の子一人は、男の子二人に匹敵するということ。

［正答率62％］

問6　水のようすを表す言葉としてふさわしくないものはどれでしょう。

① ていていと
② とうとうと
③ こんこんと

［正答率64％］

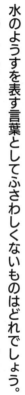

問4 「等閑」と書いて「なおざり」と読む。「閑」は「ひま」と訓読みする漢字。ヒマをもて余しているかのように物事を「いい加減にすること・粗略にすること」を「なおざりにする」という。物事を軽く見ることを「等閑視《とうかんし》する」ともいう。

答え②

問5 「一姫《ひめ》二太郎」の「一」「二」を数量と誤解して②の意味にとらえている人が多いが、この「一」「二」は序数（順番を表す数）である。最初の子は育てやすい「女の子」がよく、育児に慣れたところに「待望の男の子」が生まれればいうことなし、という古びた考え方に基づいた表現である。

答え①

問6 ①の「ていてい」は「亭々と」と書き、樹木などがまっすぐ聳《そび》えるようすをいう。「亭々と茂る大樹」などと用いる。②の「とうとうと（滔々と）」は川などの水が盛んに流れるようす。③の「こんこんと（渾々と）」は泉などの水が流れて尽きないようす。

答え①

問7 「大向こうをうならせる」の「大向こう」とは何ですか。

①劇場の一番後ろの立見席
②江戸城の大奥
③繁盛している質屋の大きな蔵

［正答率74％］

問8 「たえず方々に旅行する」という意味の言葉はどれですか。

①百鬼夜行
②南船北馬
③門前雀羅

［正答率75％］

問9 「用心ぼう」の「ぼう」と同じ漢字を使うのはどれでしょう。

①風来ぼう
②朝寝ぼう
③藪《やぶ》からぼう

［正答率53％］

問7 大向《おおむ》こうは劇場の一番後ろの一幕見《ひとまくみ》の立見席。ここは料金も安く何度も見るには好都合なので目の肥えた芝居好き、芝居通の常連客が多かった。ここでの芝居や役者の評価が口コミで伝わって興行成績にも影響した。「大向こうをうならせる」は目の肥えた大向こうの客を名演技で感嘆させること。

答え①

問8 ②の「南船北馬《なんせんほくば》」はたえず方々に旅行すること。①の「百鬼夜行《ひゃっきやぎょう》」は夜中に多くの鬼が練り歩くことから、多くの人が公然と悪事を行うこと。③の「門《もん》前雀羅《ぜんじゃくら》」は、訪れる人がなく門の前に雀を捕る網が張れるほど寂《さび》れていること。

答え②

問9 「用心棒」は内側から戸を押さえておくための棒。転じてやくざなどが身辺を守るために雇うガードマンのこと。①・②は「風来坊」「朝寝坊」と書く。

答え③

問10 漢字問題

すべて読めれば漢字名人！

披瀝	尾骶骨	辿る	虞
欣喜雀躍	襦袢	俯せ	芙蓉
峻厳	登攀	磔刑	痒い
逓信	古刹	梢	灌漑
弁える	涅槃	介錯	暗澹

答え＆解説

ひれき
心中を素直にさらけ出すこと。

びていこつ
尾骨。背骨の下端の骨。

すべる
「滑る」とも書く。なめらかに進む。また、失敗する。「手が辷る」。

おそれ
「恐れ」とも書く。心配。

きんきじゃくやく
小躍りして喜ぶこと。

じゅばん
和服の下着。

うつぶせ
体の正面を下にして横たわるさま。

ふよう
ハスの花の別称。またはアオイ科の落葉低木。

しゅんげん
おごそかで厳しいさま。

とうはん
「とはん」とも読む。山に登ること。

たっけい
「たくけい」とも読む。はりつけの刑。

かゆい
肌がむずむずしてかきたい感じである。

ていしん
郵便や電信・電話などを取り次ぐこと。

こさつ
由緒ある古い寺。

こずえ
木の幹や枝の先。

かんがい
田畑に水を引いて行き渡らせること。

わきまえる
物の道理を心得る。分別する。

ねはん
煩悩《ぼんのう》を滅した悟りの境地。また、釈迦《しゃか》の死。

かいしゃく
切腹した武士の首をはねること。またその役目の人。

あんたん
見通しが暗く、希望が見えないさま。「暗澹たる思い」。

日本語の語源豆知識

1　ぐれる

意味 道を外れて堕落《だらく》すること。

豆知識 蛤《はまぐり》の貝殻はぴったりと合うものだが、ひっくり返すと合わない。そこから物事が食い違うという意味の「ぐりはま」という俗語が生まれ、「ぐれはま」と訛《なま》り、「はま」が省略されて「ぐれる」となった。

2　風呂敷（ふろしき）

意味 物を包む四角い布のこと。

豆知識 銭湯に行くとき、入浴用具を四角い布に包んで持っていく。脱いだ衣類はその布に包んでおき、風呂から上がったら脱衣場の足元に布を敷いて、濡れた足を拭きながら衣服を着る。風呂に敷くから「風呂敷」。

3　すっぱ抜く（すっぱぬく）

意味 秘密を暴くこと。

豆知識 「すっぱ」は漢字で「素破」「出抜」などと書き、昔の忍者を意味する。忍者は、敵陣に忍び込んで情報を「抜き取り」、敵を「出し抜く」ことから、忍者のスパイ活動になぞらえて、そういうようになった。

4 青二才（あおにさい）

意味 年が若く、経験が浅い、未熟な若者のこと。

豆知識 「青」は接頭語として未熟者を表す。「二才」とは「二才魚」のこと。ブリなど成長するにつれ名前が変わっていく出世魚で、二才魚は小ぶりで脂ののりもいま一つで未熟なことから、「青」と結びついて「青二才」となった。

5 黒幕（くろまく）

意味 陰に隠れて悪事などを指図する人。

豆知識 歌舞伎《かぶき》では、場面転換の際に行われる大がかりな舞台装置の変更を隠すために、黒幕が使われる。ここから「黒幕」は、陰に隠れて操る者という意味を表すようになった。

6 けりをつける

意味 物事の結末をつける。

豆知識 「けり」は、古語の助動詞「けり」で、詠嘆の過去を表し、和歌や俳句の結びの言葉に使われることが多かった。そのため、物事の終わり、しめくくりという意味を表すようになった。

7 袖にする（そでにする）

意味 無視する。おろそかにする。ないがしろにする。

豆知識 袖は身ごろに対して付属物であるため、おろそか、ないがしろの意で用いられるようになった。一方、袖の振り方で好き嫌いを表現した「袖振る」は、恋人を「振った」「振られた」という言葉の語源といわれる。

---

8 猫ばば（ねこばば）

意味 悪事を隠して知らん顔をすること。特に、他人のお金を自分の懐《ふところ》に入れること。

豆知識 糞《ふん》は幼児語で「ばば」という。猫は糞をした後、後ろ足で土をかけて糞を隠す習性がある。拾い物を横領する人の姿に似ていることから生まれた。

【スタッフ】
ブックデザイン●小島トシノブ（NONdesign）
編集協力●株式会社一校舎
校正●鈴木優美

※本書は弊社発行『日本語力がアップする国語常識問題450』『日本語力をさらに鍛え直す国語常識問題450 レベルアップ編』『これだけ読めれば漢字名人』を加筆・修正し、再編集したものです。

あなたの常識レベルが試される
「国語力」判定テスト
2022年10月10日　第1刷発行

編　者●一校舎国語研究会
発行者●永岡純一
発行所●株式会社永岡書店
〒176-8518
東京都練馬区豊玉上1-7-14
代表：03（3992）5155　編集：03（3992）7191
ＤＴＰ●センターメディア
印　刷●精文堂印刷
製　本●コモンズデザイン・ネットワーク

ISBN978-4-522-45411-4 C0176
乱丁本・落丁本はお取り替えいたします。
本書の無断複写・複製・転載を禁じます。